Alberta D. Jones

LIKE A DRAGON
YAKUZA IN HAWAII

SPIELANLEITUNG

Segeln, kämpfen und erobern

Kapitel 1: Einführung in Like a Dragon: Pirate Yakuza auf Hawaii

1.1 Überblick über das Spiel

Ein neues Kapitel in der Like a Dragon-Reihe

Like a Dragon: Pirate Yakuza in Hawaii ist ein ambitionierter Ableger der bekannten *Like a Dragon* (ehemals *Yakuza*) Franchise. Entwickelt von **Ryu Ga Gotoku Studio** und veröffentlicht von **Sega**, führt dieser Teil die Serie in eine völlig neue Richtung und verbindet die charakteristische übertriebene Action und packende Erzählung mit einem Piratenabenteuer auf hoher See.

Ausgehend von den neonbeleuchteten Straßen von Kamurocho und Ijincho werden die Spieler in die **tropischen Gewässer von Hawaii und den umliegenden Inseln geworfen**, wo Verbrechen, Schätze und Geheimnisse auf sie warten. Während sich frühere Teile auf moderne japanische Verbrechersyndikate konzentrierten, führt dieses Spiel **eine verwegene Welt voller Gesetzloser, abtrünniger Piratenfraktionen und maritimer Konflikte** ein, während der für die Serie charakteristische Humor, das Drama und die spannenden Kämpfe beibehalten werden.

Die Story: Majimas neues Abenteuer

Das Herzstück des Spiels ist **Goro Majima**, der unberechenbare und geliebte "Mad Dog of Shimano". Im Gegensatz zu früheren Protagonisten befindet sich Majima nicht in seiner vertrauten

Yakuza-Umgebung – er erwacht **schiffbrüchig auf einer mysteriösen Insel vor der Küste Hawaiis**, ohne sich daran zu erinnern, wie er dorthin gelangt ist.

Während er sich in diesem unbekannten Land zurechtfindet, findet sich Majima bald in **hawaiianischen Piratencrews, korrupten Verbrecherbossen und schatzsuchenden Gesetzlosen wieder.** Da auf Schritt und Tritt Gefahren lauern, muss er seine eigene Crew zusammenstellen, seine verlorenen Erinnerungen zurückfordern und einen legendären verborgenen Schatz entdecken, der Gerüchten zufolge tief auf den Inseln vergraben ist.

Die Erzählung ist gefüllt mit **klassischer emotionaler Tiefe im Yakuza-Stil, unerwartetem Verrat und überlebensgroßen Charakteren,** die die Spieler von Anfang bis Ende fesseln.

Gameplay-Innovationen: Das Leben eines Piraten trifft auf Yakuza-Kämpfe

Während das Spiel das **charakteristische Beat'em-up-Kampfsystem** beibehält, führt es einige **neue Mechaniken ein,** die das Piratenthema widerspiegeln:

- **Duale Kampfstile**: Spieler können zwischen zwei Kampfstilen wechseln:
    - **Mad Dog Style** (rasanter, akrobatischer Kampf mit zwei Waffen)
    - **Seebären-Stil** (verwendet Entermesser, Pistolen und Piratenwaffen)
- **Seeerkundung**: Die Spieler können **auf Majimas persönlichem Schiff, der** Goromaru, zwischen den Inseln hin- und herfahren dabei **zufällige Ereignisse, feindliche Piratenschiffe und versteckte Schätze.**

- **Schiffsschlachten**: Echtzeit-Seeschlachten ermöglichen es den Spielern , **Kanonen abzufeuern, feindliche Schiffe zu entern und sich an Schiffsdeckschlägereien zu beteiligen.**
- **Open-World-Inselerkundung**: Die Spieler können **Honolulu, Rich Island, Madlantis und andere versteckte Orte besuchen**, die jeweils mit **Nebenquests, geheimen Bossen und Minispielen gefüllt sind.**

Klassische Yakuza-Elemente bleiben erhalten

Trotz des frischen Piraten-Settings behält das Spiel bei, **was die Fans an der Serie lieben**:

- **Nebenquests**: Erwartet bizarre, urkomische und herzerwärmende Begegnungen mit **skurrilen NPCs.**
- **Minispiele**: Karaoke, Glücksspiel, Angeln und sogar ein **neues "Island Survival"-Minispiel,** in dem die Spieler Ressourcen sammeln und Piratenausrüstung herstellen.
- **Dramatisches Storytelling**: Das Spiel balanciert gekonnt **ernsthaftes Krimi-Drama** mit übertriebenen Momenten, die zum Lachen einladen.

1.2 Prämisse der Handlung: Majimas Piraten-Odyssee

Ein verrückter Hund, der sich auf See verirrt hat

In *Like a Dragon: Pirate Yakuza in Hawaii* verlagert sich das Rampenlicht auf **Goro Majima**, den rätselhaften und unberechenbaren "Mad Dog of Shimano". Majima, der für seine wilde Persönlichkeit, seinen messerscharfen Witz und seinen chaotischen Kampfstil bekannt ist, war schon immer ein Fan-Favorit in der *Like a* Dragon-Serie. Dieses Mal ist er jedoch weit entfernt von den vertrauten, neongetränkten Straßen von Kamurocho, sondern wird in eine völlig neue Umgebung geworfen, in der seine Überlebensinstinkte wie nie zuvor auf die Probe gestellt werden.

Die Geschichte beginnt damit, dass **Majima an der Küste einer abgelegenen Insel in der Nähe von Hawaii erwacht**, zerschlagen, verletzt und vor allem ohne jede Erinnerung daran, wie er dorthin gekommen ist. Seine ikonische Augenklappe, die Jacke aus Schlangenleder und die scharfen Klingen sind alles, was von seinem früheren Leben übrig geblieben ist. Seiner Vergangenheit beraubt, muss sich Majima in einer Welt zurechtfinden, in der es von Piraten, Schmugglern und Kriminellen nur so wimmelt, während er Fragmente seiner vergessenen Erinnerungen zusammensetzt.

Die Reise nach Identität und Schatz

Als Majima in diesem seltsamen Land wieder Fuß fasst, entdeckt er, dass die Insel nicht irgendein tropisches Paradies ist, **sondern Teil eines größeren Archipels, das von Piratenfraktionen, verborgenen Schätzen und dunklen Verschwörungen durchsetzt ist.** Obwohl er sich nicht an seine Vergangenheit erinnern kann, verdienen ihm sein natürliches Charisma und seine Wildheit schnell den Respekt (und die Angst) der Menschen um ihn herum.

Es dauert nicht lange, bis Majima zum ungewöhnlichen **Kapitän einer bunt zusammengewürfelten Piratencrew** an Bord seines Schiffes, der **Goromaru**, wird. Seine Mission? **Einen legendären Schatz zu finden, der irgendwo auf den hawaiianischen Inseln versteckt ist**, einen Preis, der den Schlüssel zur Erschließung unvorstellbarer Reichtümer und der Geheimnisse seiner verlorenen Vergangenheit enthalten könnte. Aber dies ist keine einfache Schatzsuche – **Majimas Reise ist in ein Netz aus Verrat, uralten**

Flüchen und skrupellosen Feinden verwickelt, die töten würden, um den Preis für sich zu beanspruchen.

Die Welt der Piraten und kriminellen Syndikate

Hawaii in diesem Universum ist alles andere als ein ruhiges Touristenziel. Es ist ein Schmelztiegel der Kulturen, des Verbrechens und des Chaos, in dem **Piratenfraktionen die Meere beherrschen** und **Verbrechersyndikate das Land kontrollieren.** Majima muss sich in beiden Welten zurechtfinden und sich mit Folgendem auseinandersetzen:

- **Rivalisierende Piratenkapitäne:** Skrupellose Seefahrer, die vor nichts zurückschrecken, um die Kontrolle über die Inseln und die Schätze des Ozeans zu übernehmen.
- **Korrupte Verbrecherlords:** Yakuza-ähnliche Figuren, die in die Unterwelt von Honolulu eingebettet sind und hinter den Kulissen die Fäden ziehen.
- **Rebellen und Ausgestoßene:** Unerwartete Verbündete, die Majima helfen oder ihn verraten können, je nachdem, welche Entscheidungen er trifft.

Jede Begegnung bringt Majima näher an die Wahrheit über seine Vergangenheit und den wahren Grund, warum er in diese verfluchten Gewässer gebracht wurde.

Themen wie Erlösung, Loyalität und Chaos

Im Kern geht es in *Pirate Yakuza auf Hawaii* nicht nur um Schätze und Piratenschlachten, sondern auch um **Identität, Erlösung und Loyalität.** Obwohl Majima für seine chaotische Art bekannt ist, ist er ein Charakter, der tief in Loyalität und Ehre verwurzelt ist. Diese Reise zwingt ihn zu hinterfragen:

- Wer ist er ohne seine Yakuza-Vergangenheit?
- Kann er der Crew, die er zusammengestellt hat, vertrauen, oder wird der Verrat von innen kommen?
- Ist der Schatz, den er sucht, materieller Reichtum, oder ist es etwas viel Persönlicheres – wie die fehlenden Teile seiner Seele?

Während die Spieler Majima durch stürmische Meere und tückische Allianzen führen, erleben sie eine emotionale Odyssee voller **epischer Schlachten, herzzerreißender Entscheidungen und Momente unverschämten Humors im Yakuza-Stil.**

1.3 Hauptmerkmale und Neuerungen

Like a Dragon: Pirate Yakuza auf Hawaii markiert eine mutige Entwicklung in der *Like a Dragon-Serie*, die frische Mechaniken, neue Umgebungen und Gameplay-Innovationen einführt, während der charakteristische Charme der Reihe beibehalten wird. Dieses Spin-off kombiniert die düstere, charaktergetriebene Erzählweise des Yakuza-Universums mit spannenden Piratenabenteuern, Seekriegen und tropischen Erkundungen. Hier ist eine Aufschlüsselung der herausragenden Funktionen des Spiels und was es von seinen Vorgängern unterscheidet.

1. Erkundung der offenen Welt des hawaiianischen Archipels

Zum ersten Mal in der Serie können die Spieler eine riesige Open-World-Umgebung erkunden, die sich über die Straßen der Städte hinaus bis zu den **tropischen Inseln und Ozeanen von Hawaii erstreckt.** Das Spiel bietet:

- **Mehrere Inseln zu entdecken:** Vom geschäftigen **Honolulu** über den gesetzlosen Piratenhafen **Madlantis** bis hin zur mysteriösen **Nele-Insel** bietet jeder Ort einzigartige Umgebungen, Kulturen und verborgene Geheimnisse.
- **Dynamische Umgebungen:** Erlebe **üppige Dschungel, geschäftige Küstenstädte, tückische Höhlen und sogar Unterwasserruinen.** Dynamisches Wetter und ein Tag-Nacht-Zyklus beeinflussen das Gameplay, wobei bestimmte Missionen oder Ereignisse durch bestimmte Bedingungen ausgelöst werden.
- **Nahtloser Übergang von Land zu See:** Keine Ladebildschirme zwischen Segeln und Anlegen – **steig einfach von deinem Schiff und stürze dich direkt in die Action.**

2. Duale Kampfstile: Mad Dog & Sea Dog

Majimas Kampfkraft wurde mit zwei unterschiedlichen Kampfstilen neu interpretiert, die es den Spielern ermöglichen, sich an verschiedene Situationen anzupassen:

- **Mad Dog Style:** Eine Anspielung auf Majimas klassischen Kampfstil – schnell, unberechenbar und brutal. Dieser Stil konzentriert sich auf **schnelle Angriffe, agiles Ausweichen und akrobatische Kombos,** die sich perfekt für Eins-gegen-Eins-Kämpfe und chaotische Schlägereien eignen.
- **Seebären-Stil:** Ein neuer Kampfmodus mit Piratenmotiven, in dem Majima **zwei Entermesser, Pistolen und improvisierte Piratenwaffen schwingt.** Dieser Stil legt den Schwerpunkt **auf Weitbereichsangriffe, Schießereien und mächtige Finishing-Moves,** ideal für Massenkontrolle und Seegefechte.
- **Mechanik des Luftkampfes:** Zum ersten Mal können die Spieler **Sprungangriffe, Kombos in der Luft und**

Takedowns in der Umgebung ausführen, was der traditionellen Beat'em-up-Formel eine neue Ebene der Tiefe verleiht.

3. Seeerkundung und Echtzeit-Schiffsschlachten

Eine der aufregendsten Neuerungen des Spiels ist die Möglichkeit, **an Bord von Majimas Schiff, der Goromaru, über das offene Meer zu segeln.** Diese Funktion führt Folgendes ein:

- **Echtzeit-Seeschlachten:** Nimm an epischen Schiffsschlachten teil, in denen du **Kanonen abfeuern, feindliche Schiffe entern und Deckskämpfe führen** kannst. Taktik ist wichtig – **Positionierung, Crew-Management und Schiffs-Upgrades** sind der Schlüssel zum Sieg.
- **Schiffsanpassung:** Rüste die *Goromaru* mit **neuen Waffen, verstärkten Rümpfen, schnelleren Segeln und dekorativem Flair auf,** das zu deiner Piratenästhetik passt.
- **Rekrutierung von Besatzungen:** Stelle eine vielfältige Crew von Gesetzlosen zusammen, von denen jeder über einzigartige Fähigkeiten verfügt, die die Leistung des Schiffes verbessern oder im Kampf helfen.

4. Ein reichhaltiges, storybasiertes Erlebnis mit mehreren Pfaden

Getreu dem Vermächtnis von *Like a Dragon* bietet das Spiel eine emotional aufgeladene Erzählung voller **komplexer Charaktere, schockierender Wendungen und moralischer Entscheidungen,** die den Ausgang der Geschichte beeinflussen:

- **Nicht-lineares Story-Fortschritt:** Die Spieler können wählen, welche Missionen sie zuerst angehen möchten, was zu **verzweigten Handlungssträngen** und mehreren möglichen Enden führt.

- **Dynamische Dialogoptionen:** Die Gespräche sind interaktiver und ermöglichen es Majimas Antworten, die Beziehungen zu Verbündeten, Feinden und Besatzungsmitgliedern zu gestalten.
- **Thematische Nebenquests:** Neben der Hauptgeschichte gibt es auch skurrile Nebenmissionen, die von der **Jagd auf mythische Meeresbewohner bis hin zur Aufklärung von Verbrechen in von Piraten beherrschten Städten** reichen – alles vollgepackt mit dem für die Serie typischen Humor und Herz.

5. Erweiterte Minispiele und Nebenaktivitäten

Kein *Like a* Dragon-Spiel wäre komplett ohne übertriebene Minispiele, und dieser Eintrag bringt die Dinge auf die nächste Stufe, sowohl mit wiederkehrenden Favoriten als auch mit neuen Piraten-Aktivitäten:

- **Karaoke (Pirate Edition):** Singen Sie Seemannslieder und klassische Yakuza-Tracks – natürlich mit dem einzigartigen Flair von Majima.
- **Dragon Kart Returns:** Fahre mit Piraten-Go-Karts über tropische Strecken voller Gefahren, Power-Ups und rivalisierender Rennfahrer.
- **Crazy Delivery:** Ein chaotisches Liefer-Minispiel, in dem Majima um die Wette rennt, um Waren über die Inseln zu liefern und dabei Hindernissen und Piraten auszuweichen.
- **Schatzsuche & Tauchen:** Nutze Karten und Hinweise, um verborgene Schätze zu entdecken, oder **tauche unter Wasser,** um versunkene Ruinen und Schiffswracks zu erkunden.

6. RPG-Elemente und Crew-Management

Dieses Spiel baut auf der RPG-Mechanik von *Yakuza: Like a Dragon auf* und ermöglicht es den Spielern, nicht nur Majimas Wachstum, sondern auch seine gesamte Crew zu managen:

- **Crew-Management-System:** Rekrutiere Piraten, weise ihnen Rollen zu (Kampfspezialist, Navigator, Mechaniker) und **verwalte ihre Moral und Loyalität.**
- **Charakterentwicklung: Verbessere** Majimas Fähigkeiten durch **Kampferfahrung, Führungsentscheidungen und sogar Piratentrainings.**
- **Sammeln und Herstellen von Ressourcen:** Sammle Ressourcen von Inseln, um **Waffen herzustellen, Ausrüstung zu verbessern und dein Schiff zu verbessern.**

7. Verborgene Geheimnisse, Easter Eggs und Inhalte nach dem Spiel

Fans der Serie wissen, dass sie viele versteckte Schätze erwarten können, und *Pirate Yakuza in Hawaii* liefert:

- **Geheime Bosskämpfe:** Tritt gegen **mythische Meeresbewohner, legendäre Piraten und Überraschungscharaktere aus früheren Yakuza-Spielen an.**
- **Easter Eggs:** Vollgepackt mit **Anspielungen auf frühere** *Like a Dragon-Titel*, Sega-Klassiker und Majimas eigene chaotische Geschichte.
- **Neuer Spiel+-Modus:** Spiele die Geschichte mit **allen Upgrades, freischaltbaren Objekten und versteckten Herausforderungen** erneut , um Inhalte nach dem Spiel zu entdecken.

1.4 Das Yakuza-Vermächtnis in einem Piraten-Setting verstehen

Die Evolution der Yakuza-Serie

Die Serie *Like a Dragon* (ehemals *Yakuza*) war schon immer bekannt für ihre **düsteren Krimidramen, ihre tiefgründige Charakterentwicklung und ihre explosiven Straßenkämpfe** vor dem Hintergrund der urbanen Unterwelt Japans. Von Kamurochos Neonlichtern bis hin zu den belebten Gassen von Ijincho hat die Serie meisterhaft **ernsthafte, emotional getriebene Erzählungen** mit **übertriebenen Nebenaktivitäten** und unvergesslichen Charakteren kombiniert.

Like a Dragon: Pirate Yakuza auf Hawaii stellt jedoch einen mutigen Sprung dar – einen Übergang von den Straßen der Stadt auf das **offene Meer und die tropischen Inseln**. Trotz dieser drastischen Veränderung des Settings bleibt das Spiel fest in den **Kernthemen und Werten verwurzelt, die das Franchise ausmachen**.

Zentrale Yakuza-Themen in einer Piratenwelt

Obwohl sich der Schauplatz vom modernen Japan in die von Piraten verseuchten Gewässer Hawaiis verlagert hat, sind viele der charakteristischen Themen der Franchise intakt geblieben:

1. **Ehre unter Dieben:**
   Genau wie der traditionelle Yakuza-Kodex arbeiten die Piratenfraktionen im Spiel nach ihren eigenen **Ehren- und Loyalitätsregeln**. Majima ist zwar nicht mehr an den Tojo-Clan gebunden, verkörpert aber immer noch diese Prinzipien und navigiert **durch Allianzen und Verrat** in einer Welt, in der Vertrauen eine seltene Währung ist.

2. **Familie und Bruderschaft gefunden:**
   Die *Yakuza-Serie* hat schon immer das Konzept der **Familie jenseits von Blutsbanden erforscht**. In diesem Spiel gründet Majima seine eigene Piratencrew und knüpft Bindungen zu Ausgestoßenen, Schurken und unwahrscheinlichen Verbündeten, ähnlich wie Kiryu in früheren Titeln Beziehungen zu seinen Kameraden.
3. **Der Kampf um Identität:**
   Majimas Reise spiegelt die internen Konflikte wider, mit denen frühere Protagonisten konfrontiert waren. **Ohne Erinnerung an seine Vergangenheit setzt** er sich mit Fragen nach Identität, Sinn und Schicksal auseinander – ein wiederkehrendes Thema in der Serie.
4. **Macht, Korruption und Erlösung:**
   Ob es sich um die korrupten Yakuza-Clans von Kamurocho oder die skrupellosen Piratenlords von Hawaii handelt, das Spiel taucht in die **Dynamik der Macht und die Folgen von Ehrgeiz ein** und zwingt Majima, sich nicht nur mit äußeren Feinden, sondern auch mit seinem eigenen moralischen Kompass auseinanderzusetzen.

Majima: Eine Yakuza-Ikone in unbekannten Gewässern

Die Präsenz von Goro Majima ist die perfekte Brücke zwischen Alt und Neu. Als "Mad Dog of Shimano" ist er schon immer im Chaos aufgeblüht, was ihn zum idealen Charakter macht, um in dieser unberechenbaren Piratenumgebung erfolgreich zu sein.

- **Unberechenbarkeit passt zum Piratenleben:** Majimas chaotische Energie, sein wilder Kampfstil und seine unorthodoxen Methoden sorgen dafür, dass er **sich in einer gesetzlosen, von Piraten dominierten Welt wie zu Hause fühlt.**

- **Vom Leutnant des Tojo-Clans zum Piratenkapitän:** Er ist zwar nicht mehr an die Yakuza-Politik gebunden, aber seine **Führungsqualitäten, seine Klugheit und seine unerschütterliche Loyalität** gehen nahtlos in seine Rolle als Piratenkapitän über.
- **Eine persönliche Quest:** Im Gegensatz zu Kiryus oft noblen, stoischen Reisen ist Majimas Abenteuer **roh, persönlich und sowohl vom Überleben als auch von der Selbstfindung getrieben**, wodurch sich sein Charakterbogen frisch und doch vertraut anfühlt.

Eine Mischung aus moderner Yakuza-Kultur und historischer Piratenkunde

Das Spiel verschmilzt geschickt die **modernen Krimielemente der Yakuza-Welt mit dem romantisierten Chaos der Piratengeschichte**:

- **Rivalisierende Fraktionen = Piratenbesatzungen:** Anstelle von Yakuza-Familien wie der Omi-Allianz oder dem Tojo-Clan tritt Majima gegen **rivalisierende Piratenkapitäne und seefahrende Verbrechersyndikate an**, die jeweils unterschiedliche Codes, Rivalitäten und Territorien haben.
- **Gebietskontrolle neu interpretiert:** Früher mit Revierkämpfen in Städten verbunden, wird das Konzept jetzt auf **Inselfestungen und die Seeherrschaft** angewendet, wo Spieler **Häfen erobern, feindliche Schiffe überfallen und ihren Einfluss auf den hawaiianischen Archipel ausweiten können**.
- **Business Management → Crew Management:** Die beliebten Business-Management-Mechaniken aus früheren Spielen entwickeln sich zur **Rekrutierung von Piratenbesatzungen und zum Schiffsmanagement**, bei

denen Loyalität, Moral und strategische Planung eine Schlüsselrolle spielen.

Der Yakuza-Humor und die Schrulligkeit sind noch intakt

Trotz der Veränderung des Tons und des Settings bleiben die charakteristischen **skurrilen Nebeninhalte, bizarren Minispiele und Momente, in denen man laut lachen kann** , erhalten:

- **Unverschämte Nebenquests:** Von der **Unterstützung von Geisterpiraten bei der Suche nach Frieden** bis hin zur **Teilnahme an absurden Piraten-Talentshows** bewahren die Nebenquests die geliebte Exzentrik der Serie.
- **Minispiele mit Piraten-Twist:** Karaoke mit Seemannsliedern? Prüfen. **Piraten-Dragon-Kart, das durch Vulkaninseln rast?** Absolut. Selbst **Schwertduelle mit übertrieben dramatischen Bösewichten** gehören zum Spaß.
- **Easter Eggs für langjährige Fans:** Freuen Sie sich auf Anspielungen auf **Kamurocho, den Tojo-Clan und sogar vergangene Charaktere,** die subtil in Dialoge, Gegenstände und versteckte Quests eingewoben sind.

Kapitel 2: Charaktere und Fraktionen

2.1 Goro Majima: Der verrückte Hund der hohen See

Goro Majima, der unberechenbare und charismatische "Mad Dog of Shimano", steht im Mittelpunkt von *Like a Dragon: Pirate Yakuza auf Hawaii*. Majima, der für seine wilden Eskapaden, seinen chaotischen Kampfstil und seine unerbittliche Loyalität bekannt ist, war schon immer ein herausragender Charakter in der *Like a* Dragon-Serie. Diesmal tauscht er die Hintergassen von Kamurocho gegen die weiten, gesetzlosen Gewässer des Pazifiks ein und begibt sich auf eine neue Reise, die seinen berüchtigten Wahnsinn mit dem skrupellosen Leben eines Piratenkapitäns verbindet.

Majimas neue Rolle: Vom Yakuza-Leutnant zum Piratenkapitän

In früheren Spielen blühte Majima als Leutnant des Tojo-Clans auf, der für seine gewalttätigen Neigungen und sein unberechenbares Verhalten bekannt ist. In *Pirate Yakuza auf Hawaii* findet sich Majima jedoch auf unbekanntem Terrain wieder – buchstäblich und im übertragenen Sinne. Nachdem er auf einer unbekannten Insel Schiffbruch erlitten hat, ohne sich daran erinnern zu können, wie er dorthin gekommen ist, muss sich Majima auf seine Instinkte, seine Überlebensfähigkeiten und seine schiere Willenskraft verlassen, um in der Piratenunterwelt von Hawaii aufzusteigen.

Er erwirbt sich schnell einen Ruf als **furchterregender Piratenkapitän**, kommandiert sein eigenes Schiff, die **Goromaru**, und stellt eine bunt gemischte Crew aus Gesetzlosen und Außenseitern zusammen. Obwohl er weit von seinen Yakuza-Wurzeln entfernt ist, machen Majimas natürliche Führungsqualitäten, sein gerissener Verstand und seine chaotische Energie ihn zu einer Kraft, mit der man sowohl an Land als auch auf See rechnen muss.

Persönlichkeit: Chaos, Loyalität und verborgene Tiefen

Majima wird durch seine **duale Natur definiert** – oberflächlich betrachtet ist er eine wilde, verrückte und oft urkomische Figur, aber unter dem Wahnsinn verbirgt sich ein zutiefst loyales, strategisches und emotional komplexes Individuum. In *Pirate Yakuza auf Hawaii* wird diese Komplexität noch weiter erforscht:

- **Unberechenbar, aber strategisch:** Obwohl Majima im Chaos aufblüht, ist er alles andere als rücksichtslos. Seine Fähigkeit, sich an jede Situation anzupassen, egal ob es sich um eine Straßenschlägerei oder ein Seegefecht handelt, macht ihn zu einem getarnten Meistertaktiker.
- **Heftige Loyalität:** Loyalität war schon immer der Kern von Majima. Selbst in dieser neuen Piratenwelt baut er **tiefe Bindungen zu seiner Crew** auf und behandelt sie wie eine Familie. Seine beschützende Art führt inmitten des Chaos des Spiels oft zu intensiven emotionalen Momenten.
- **Auf der Suche nach Identität:** Seiner Vergangenheit beraubt und in eine unbekannte Welt geworfen, geht es auf Majimas Reise nicht nur ums Überleben oder um Schätze – es geht darum, **wiederzuentdecken, wer er wirklich ist**, wenn alles, was er einst kannte, verschwunden ist.

Kampfstil: Mad Dog trifft Seebär

Majimas Kampfstil ist so wild und vielseitig wie eh und je und verbindet seine ikonischen Techniken mit neuen Piratenfähigkeiten:

- **Mad Dog Style:** Ein schneller, aggressiver Kampfstil, der sich durch **akrobatische Bewegungen, beidhändige Waffen und unberechenbare Angriffsmuster auszeichnet.** Dieser Stil konzentriert sich darauf, Feinde mit Geschwindigkeit und Unberechenbarkeit zu überwältigen.
- **Sea Dog Style:** Ein neuer, von Piraten inspirierter Kampfmodus, in dem Majima **Entermesser, Steinschlosspistolen und improvisierte Seefahrerwaffen verwendet.** Dieser Stil zeichnet sich durch Massenkontrolle aus und verleiht seinen ohnehin schon dynamischen Kämpfen ein theatralisches Flair.
- **Umweltkämpfe:** Majima kann die Umgebung jetzt **zu seinem Vorteil nutzen,** indem er sich von Schiffstakelage schwingt, Fässer auf Gegner wirft oder sogar Überraschungsangriffe aus der Unterwasserwelt startet.

Charakterentwicklung: Die Reise eines Piraten zur Selbstfindung

Während Majima schon immer ein Fanliebling für seine wilden Eskapaden war, *taucht Pirate Yakuza in Hawaii* tiefer in sein **persönliches Wachstum und seine emotionalen Kämpfe** ein:

- **Verlorene Erinnerungen:** Das zentrale Rätsel des Spiels dreht sich um Majimas verschwundene Erinnerungen. Während er die Wahrheit aufdeckt, werden die Spieler Zeuge einer Seite von ihm, die selten zu sehen ist – **verletzlich, nachdenklich und von der Vergangenheit verfolgt.**

- **Führungswachstum:** Majimas Rolle als Piratenkapitän zwingt ihn, neue Verantwortung zu übernehmen, und fordert ihn heraus, **seine chaotische Natur mit der Notwendigkeit in Einklang zu bringen, seine Crew zu inspirieren und zu schützen.**
- **Moralische Entscheidungen:** Im Laufe der Geschichte treffen die Spieler Entscheidungen, die Majimas Beziehungen und den Verlauf seiner Reise prägen und die **Grauzonen zwischen Ehre und Überleben** in der Piratenwelt hervorheben.

2.2 Nebencharaktere und Crewmitglieder

In *Like a Dragon: Pirate Yakuza auf Hawaii* segelt Goro Majima nicht alleine auf hoher See. Während er durch die tückischen Gewässer des hawaiianischen Archipels navigiert, stellt er eine **bunte und vielfältige Crew zusammen**, jede mit ihren eigenen einzigartigen Hintergrundgeschichten, Fähigkeiten und Motivationen. Diese Nebencharaktere sind mehr als nur Sidekicks – sie sind ein wesentlicher Bestandteil von Majimas Reise und tragen sowohl zur Spielmechanik als auch zur emotionalen Tiefe der Geschichte bei.

Die Rolle der Besatzung auf Majimas Reise

Majimas Crew ist nicht nur eine bunt zusammengewürfelte Bande von Gesetzlosen; sie steht für **Familie, Loyalität und Überleben** in einer Welt, in der immer Verrat lauert. Jedes Besatzungsmitglied fügt der Erzählung eine neue Dynamik hinzu, fordert Majimas Führung heraus und bietet gleichzeitig wichtige Unterstützung sowohl in landgestützten Kämpfen als auch in Seeschlachten.

Besatzungsmitglieder spielen auch eine Schlüsselrolle im **Crew-Management-System**, wo ihre einzigartigen Fähigkeiten die Leistung des Schiffes, die Kampfeffizienz und sogar den Ausgang bestimmter Story-Ereignisse beeinflussen. Wenn du starke Beziehungen zu ihnen aufbaust, kannst **du spezielle Missionen, versteckte Fähigkeiten und mächtige Treueboni freischalten.**

Wichtige Nebencharaktere und Crewmitglieder

1. Hana "Crimson Blade" Tanaka – Erster Offizier

- **Hintergrund:** Als ehemalige Yakuza-Vollstreckerin aus Osaka verließ Hana die kriminelle Unterwelt, nachdem sie von ihrem eigenen Clan verraten wurde. Die scharfzüngige und unerbittliche Unabhängigkeit kreuzt sich nach einer hitzigen Kneipenschlägerei in einer Piratenhöhle mit Majima. Beeindruckt von ihren Kampffähigkeiten und ihrem taktischen Verstand, rekrutiert Majima sie als seine Erste Offizierin.
- **Persönlichkeit: Zynisch, strategisch und heimlich mitfühlend.** Sie hält Majima auf dem Boden und fungiert oft als Stimme der Vernunft inmitten seines Chaos. Trotz ihres harten Äußeren legt sie großen Wert auf Loyalität und wird nach und nach zu Majimas engster Vertrauter.
- **Kampfrolle:** Ein **Klingenmeister** , der sich auf Dual-Katanas spezialisiert hat. Ihre Angriffe sind schnell und präzise, was sie im Nahkampf von unschätzbarem Wert macht.
- **Einzigartige Fähigkeit: "Purpurrote Raserei"** – Entfesselt eine Flut von Hieben, die mehreren Gegnern in schneller Folge massiven Schaden zufügen.

2. Kimo "Sharkbait" Kalani – Navigator

- **Hintergrund:** Geboren und aufgewachsen in einem kleinen hawaiianischen Fischerdorf, wurde Kimo Waise, nachdem ein Piratenüberfall sein Zuhause zerstört hatte. Er wuchs auf und lernte, sich in den tückischen Gewässern des Pazifiks zurechtzufinden, und wurde schließlich zu einem der geschicktesten Segler des Archipels. Majima rettet ihn vor einer rivalisierenden Piratencrew und verdient sich seine lebenslange Loyalität.
- **Persönlichkeit: Locker, abergläubisch und loyal.** Kimo glaubt an Inselfolklore und erzählt oft übertriebene Geschichten von Seeungeheuern und uralten Flüchen. Sein Humor und seine entspannte Art sorgen für komische Abwechslung in angespannten Momenten.
- **Kampfrolle:** Ein **Fernkampfspezialist,** der Harpunen und Wurfsprengstoff einsetzt. Er ist zwar nicht so stark im Nahkampf, aber perfekt, um Unterstützung aus der Ferne zu leisten.
- **Einzigartige Fähigkeit: "Gezeitensperrfeuer"** – Schleudert eine Salve explosiver Harpunen ab, die Gegnern an Land und auf See Flächenschaden zufügen.

3. Dr. Emiliano "Doc" Vargas – Schiffsarzt

- **Hintergrund:** Doc Vargas, ein in Ungnade gefallener spanischer Marinearzt, der zum abtrünnigen Piraten wurde, ist ein Genie mit einer dunklen Vergangenheit. Er floh vom Festland, nachdem er illegaler Experimente beschuldigt worden war, und fand Zuflucht bei Piraten, wo seine medizinischen Fähigkeiten sowohl gefürchtet als auch respektiert werden. Majima entdeckt, dass er eine Untergrundklinik in Honolulu betreibt.

- **Persönlichkeit: Mysteriös, morbid humorvoll und moralisch zweideutig.** Vargas ist fasziniert von der menschlichen Anatomie und scheut sich nicht, grausame medizinische Details zu diskutieren, sehr zum Unbehagen der Besatzung. Trotz seines gruseligen Auftretens ist er überraschend loyal und beschützend.
- **Kampfrolle:** Eine **Unterstützungsklasse**, die sich auf Heilung, Buffs und Gifte spezialisiert hat. Er kann sowohl Verbündete heilen als auch Feinde mit giftigen Mixturen schwächen.
- **Einzigartige Fähigkeit: "Heilmittel des Schnitters"** – Heilt gleichzeitig Verbündete und vergiftet Gegner in der Nähe, wodurch im Kampf ein tödlicher Doppeleffekt entsteht.

4. Tane "Iron Fist" Mahoe – Quartiermeister

- **Hintergrund:** Tane, ein ehemaliger Schwergewichtsboxchampion aus Honolulu, wurde nach einem Skandal um manipulierte Kämpfe aus dem Kampfzirkus verbannt. Im Kampf ums Überleben wandte er sich der Piraterie zu und nutzte seine rohe Kraft, um Rivalen einzuschüchtern. Majima fordert ihn in einem Untergrundkampf heraus und besiegt ihn, wodurch er sich seinen Respekt und seine Loyalität verdient.
- **Persönlichkeit: Stoisch, diszipliniert und äußerst ehrenhaft.** Tane ist ein Mann der wenigen Worte und lässt lieber seine Fäuste sprechen. Er dient als moralischer Kompass der Crew und stellt Majimas Entscheidungen oft in Frage, wenn sie ethische Grenzen überschreiten.
- **Kampfrolle:** Ein **Schwergewicht**, der sich auf den unbewaffneten Kampf spezialisiert hat. Seine rohe Kraft ermöglicht es ihm, **große Feinde ins Taumeln zu bringen** und Schilde mit Leichtigkeit zu durchbrechen.

- **Einzigartige Fähigkeit: "Zorn des Titanen"** – Ein verheerender Bodenangriff, der Schockwellen auslöst und mehrere Gegner in der Umgebung zu Boden wirft.

Dynamische Crew-Beziehungen

Die Beziehungen, die Majima zu seiner Crew aufbaut, sind dynamisch und entwickeln sich basierend auf **Spielerentscheidungen, Story-Fortschritt und Loyalitätsmissionen.** Die Besatzungsmitglieder werden:

- **Reagieren Sie auf Majimas Entscheidungen: Bestimmte** Entscheidungen können Beziehungen entweder stärken oder belasten, was zu einzigartigen Dialogen, Konfrontationen oder in extremen Fällen sogar zu Verrat führt.
- **Schalte Loyalitätsmissionen frei:** Das Abschließen persönlicher Nebenquests für jedes Besatzungsmitglied enthüllt seine Hintergrundgeschichten, vertieft seine Bindung zu Majima und schaltet mächtige Kampffähigkeiten frei.
- **Schlagkraft des Schiffes:** Eine gut geführte Besatzung mit hoher Moral verbessert die *Geschwindigkeit, die Kampfeffizienz und die Verteidigung der* Goromaru in Seeschlachten.

Besatzungs-Management-System

Außerhalb des Kampfes können sich die Spieler mit dem **Crew-Management-System** beschäftigen, wo Majima:

- **Rollen zuweisen:** Bestimme Besatzungsmitglieder als **Kampfspezialisten, Navigatoren, Schützen oder**

Sanitäter, was sich auf die Leistung des Schiffes in verschiedenen Szenarien auswirkt.

- **Fähigkeiten verbessern:** Gebt Erfahrungspunkte aus, um neue Fähigkeiten für jedes Besatzungsmitglied freizuschalten und ihre Effektivität im Gefecht zu verbessern.
- **Steigert die Moral:** Nehmt an Aktivitäten wie **Crew-Abendessen, Trinkspielen und Trainingseinheiten teil,** um die Teammoral zu steigern, was wiederum die Leistung während der Missionen verbessert.

Unvergessliche Nebencharaktere

Neben der Hauptbesatzung trifft Majima auf eine Vielzahl unvergesslicher NPCs, darunter:

- **Rivalisiere Piratenkapitäne** mit unterschiedlichen Persönlichkeiten, Kampfstilen und Territorien, die es zu verteidigen gilt.
- **Zwielichtige Händler** , die seltene Gegenstände und fragwürdige Angebote anbieten.
- **Mysteriöse Fremde** , die Hinweise auf Majimas verlorene Erinnerungen oder verborgene Schätze haben könnten.

2.3 Piratenfraktionen und rivalisierende Banden

In *Like a Dragon: Pirate Yakuza auf Hawaii* sind die Meere nicht nur riesige Wasserflächen – sie sind Schlachtfelder, die von **mächtigen Piratenfraktionen und skrupellosen rivalisierenden Gangs regiert werden**. Jede Fraktion kontrolliert verschiedene Territorien auf dem hawaiianischen Archipel, von geschäftigen Inselhäfen bis hin zu versteckten Buchten und tückischen

Gewässern. Diese Gruppen sind nicht nur Feinde; Sie repräsentieren die komplexe politische Landschaft, in der sich Majima zurechtfinden muss, um zu überleben, zu gedeihen und schließlich als Piratenkapitän zu dominieren.

Das Verständnis der **Hierarchie, der Motive und Persönlichkeiten** innerhalb dieser Fraktionen ist der Schlüssel sowohl für die Geschichte des Spiels als auch für sein strategisches Gameplay. Ob durch brutale Seekriege, angespannte Verhandlungen oder persönliche Rachefeldzüge, Majimas Begegnungen mit diesen Fraktionen werden den Verlauf seiner Piraten-Odyssee prägen.

Die Machtdynamik der Piratenunterwelt von Hawaii

Der hawaiianische Archipel ist in **vier dominante Piratenfraktionen** aufgeteilt, von denen jede ihre eigene Kultur, ihren eigenen Führungsstil und ihre eigenen Kampfstrategien hat. Obwohl sie alle den Durst nach Macht und Schätzen teilen, variieren ihre Ansätze – von ehrenhaft gebundenen Codes bis hin zu offener Anarchie.

Majimas Beziehung zu diesen Fraktionen ist nicht statisch. Abhängig von den Entscheidungen des Spielers kann er:

- **Schmieden Sie Allianzen** zum gegenseitigen Nutzen.
- **Er zettelt Revierkämpfe** an, um seinen Einfluss auszuweiten.
- **Verrate ehemalige Verbündete** zum persönlichen Vorteil.
- **Vereine Fraktionen** unter seinem Banner – oder zerstöre sie komplett.

Große Piratenfraktionen

1. Die Crimson Lotus-Flotte

- **Territorium:** Östliche hawaiianische Gewässer, die wichtige Handelsrouten und Küstensiedlungen kontrollieren.
- **Anführer: Captain Akane "Scarlet Viper" Fujiwara** – Eine ehemalige Samurai, die zur Piratenkönigin wurde und für ihre tödliche Präzision und ihren strengen Ehrenkodex bekannt ist. Sie trägt ein **in purpurroten Lack getauchtes Katana**, das Gerüchten zufolge mit dem Blut ihrer Feinde befleckt war.
- **Philosophie: "Ehre über alles."** Die Crimson Lotus agiert wie eine disziplinierte Seestreitmacht und verbindet Samurai-Traditionen mit Piratentaktiken. Sie glauben an strukturierte Hierarchien und sehen sich selbst als "edle Piraten".
- **Stärken:** Hoch organisiert, mit Elite-Schwertkämpfern und disziplinierten Marinestrategien. Ihre Schiffe sind schnell, wendig und mit fortschrittlichen Waffen ausgestattet.
- **Beziehung zu Majima:** Anfangs feindselig, da sie Majima als chaotische Bedrohung für ihren Orden betrachten. Wenn **du dir jedoch Akanes Respekt durch ehrenhafte Kämpfe verdienst**, kann dies die Tür zu einer unbequemen Allianz öffnen.

2. Die Eiserne Reißzahn-Bruderschaft

- **Territorium:** Die Vulkaninseln des westlichen Archipels, die mit versteckten Festungen und Schmuggelrouten befestigt sind.
- **Anführer: Bartholomew "Iron Jaw" Kane** – Kane ist ein überragender Wüstling mit mechanischem Kiefer und ein ehemaliger Sklave, der zum Piraten-Kriegsherrn wurde.

Seine Besessenheit von Macht wird nur von seiner Brutalität übertroffen.

- **Philosophie: "Stärke regiert alles."** Die Eiserne Reißzahn-Bruderschaft lebt von Angst, Gewalt und Einschüchterung. Sie glauben, dass der Starke den Schwachen dominieren sollte, und sie erzwingen diesen Glauben durch unerbittliche Raubzüge und Erpressungen.
- **Stärken:** Spezialisiert auf **rohe Gewalt**, mit schwer gepanzerten Schiffen und Berserkerkriegern, die auf schiere physische Dominanz angewiesen sind.
- **Beziehung zu Majima:** Eine natürliche Rivalität entsteht aufgrund ihrer widersprüchlichen Führungsstile. **Majima kann jedoch Kanes Autorität herausfordern**, indem er seine Leutnants besiegt und möglicherweise die Kontrolle über Teile der Bruderschaft für sich selbst übernimmt.

3. Das Syndikat der Schwarzen Flut

- **Territorium:** Die geschäftige Hafenstadt Honolulu und die umliegenden Gewässer, die Schwarzmärkte, Spionagenetzwerke und korrupte Beamte kontrollieren.
- **Anführerin: Isabella "The Siren" Moreau** – Eine verführerische und manipulative Verbrecherfürstin, die ihre Grausamkeit hinter Charme und Witz verbirgt. Sie ist eine Meisterin der Täuschung und spielt Verbündete und Feinde gleichermaßen wie Figuren auf einem Schachbrett.
- **Philosophie: "Profit vor Loyalität."** Die Black Tide agiert eher wie ein kriminelles Syndikat als eine traditionelle Piratencrew, die sich auf Schmuggel, Informationsvermittlung und politische Manipulation konzentriert.
- **Stärken:** Meister der **Spionage und Sabotage**, mit Spionen, die in jedem größeren Hafen versteckt sind. Ihre Schiffe sind

schnell und eignen sich perfekt für Schmuggel und Hit-and-Run-Taktiken.

- **Beziehung zu Majima:** Isabella sieht in Majima sowohl eine potenzielle Schachfigur als auch einen gefährlichen Joker. Die Spieler können **sich auf riskante Allianzen, Doppelzüngigkeiten und Spionagemissionen einlassen**, aber Verrat ist immer eine drohende Bedrohung.

4. Die Geisterriff-Korsaren

- **Territorium:** Die unerforschten Gewässer rund um das tückische Geisterriff, das Gerüchten zufolge verflucht ist. Sie kontrollieren versteckte Buchten und geheime Inseln, die auf keiner Karte erscheinen.
- **Anführer: Captain "Deadeye" Rua Koa** – Ein mysteriöser, maskierter Pirat, dessen Vergangenheit von Legenden umwoben ist. Einige sagen, er sei unsterblich, andere behaupten, er sei ein Geist. Seine Besatzung glaubt, dass er eine lebende Verkörperung des Zorns des Meeres ist.
- **Philosophie: "Chaos ist Freiheit."** Die Ghost Reef Corsairs umarmen die Anarchie und leben nach keinem Kodex außer dem Streben nach Freiheit. Sie sind unberechenbar und greifen sowohl Verbündete als auch Feinde ohne Vorwarnung an.
- **Stärken: Guerillakriegstaktiken**, die die Umgebung zu ihrem Vorteil nutzen. Ihre Schiffe sind für Stealth modifiziert, perfekt für Hinterhalte und Hit-and-Run-Angriffe.
- **Beziehung zu Majima:** Eine Wildcard-Fraktion – manchmal Verbündete, manchmal Feinde. **Majimas eigene chaotische Natur findet bei Rua Koa Anklang** und schafft eine Rivalität voller gegenseitigem Respekt und unvermeidlichem Verrat.

Rivalisierende Gangs und kleinere Fraktionen

Abgesehen von den großen Piratenfraktionen ist Hawaii die Heimat **kleinerer Gangs, Söldnergruppen und lokaler Milizen**. Diese Gruppen sind zwar nicht so mächtig, können aber eine erhebliche Bedrohung darstellen – oder zu wertvollen Verbündeten werden.

- **Die Knochenratten:** Eine wilde Bande von Plünderern, die dafür bekannt sind, isolierte Schiffe aus dem Hinterhalt zu überfallen. Sie verehren eine verdrehte Version der alten hawaiianischen Meeresgötter und glauben, dass Piraterie ein heiliger Akt ist.
- **Die Silbernen Schlangen:** Eine Söldnercrew, die für den Meistbietenden arbeitet und oft mitten im Kampf die Loyalität wechselt, wenn es ihnen nützt.
- **Die Crimson Traders:** Eine zwielichtige Organisation, die illegale Handelsrouten kontrolliert. Sie bevorzugen Manipulation und Sabotage gegenüber direkten Konflikten.
- **Lokale Inselmilizen:** Nicht jeder Widerstand kommt von Piraten. Einige Inselgemeinden haben sich zu Milizen zusammengeschlossen, um sich vor ständigen Überfällen zu schützen. Die Spieler können **wählen, ob sie diesen Gruppen helfen oder sie zum persönlichen Vorteil ausnutzen wollen**.

Fraktions-Reputationssystem

Eure Handlungen wirken sich direkt darauf aus, wie Fraktionen Majima wahrnehmen. Dieses dynamische System beeinflusst:

- **Allianzen und Rivalitäten:** Wenn du die Gunst einer Fraktion gewinnst, könntest du zum Feind einer anderen Fraktion werden.

- **Revierkontrolle:** Das erfolgreiche Besiegen rivalisierender Fraktionen ermöglicht es Majima, **Territorium zu beanspruchen** und Ressourcen, Besatzungsmitglieder und strategische Vorteile zu erhalten.
- **Einzigartige Missionen: Hohes** Ansehen schaltet **fraktionsspezifische Nebenquests**, besondere Belohnungen und sogar die Chance frei, mächtige Fraktionsführer zu rekrutieren.
- **Konsequenzen für Verrat: Wenn** du eine Fraktion überkreuzt, kann das zu **Hinterhalten, Kopfgeldjägern und groß angelegten Fraktionskriegen** führen.

Seekriege und Fraktionskonflikte

Das Fraktionssystem dient nicht nur dem Geschichtenerzählen – es ist tief in das Gameplay verwoben:

- **Revierkämpfe:** Nimm an **groß angelegten Seeschlachten teil** , in denen die Spieler ihre Flotte gegen feindliche Fraktionen befehligen und Festungen und Häfen einnehmen.
- **Spionagemissionen:** Infiltriere feindliche Lager, **ermorde wichtige Anführer** oder stiehl wertvolle Ressourcen.
- **Diplomatische Begegnungen:** Verhandle brüchige Waffenstillstände oder **schüchtere rivalisierende Kapitäne** durch Dialogentscheidungen ein, mit Ergebnissen, die von Majimas Ruf geprägt sind.

Legendäre Piratenkapitäne (Bosskämpfe)

Jede Fraktion wird von einem **legendären Piratenkapitän angeführt**, der als Hauptboss im Spiel dient. Bei diesen Begegnungen geht es nicht nur um rohe Gewalt – sie erfordern, dass die Spieler die Taktiken, Stärken und Schwächen des Kapitäns verstehen:

- **Captain Akanes Ehrenduell:** Ein Eins-gegen-Eins-Katana-Duell auf einem brennenden Schiff.
- **Bartholomew Kane's Arena Brawl:** Ein brutaler Käfigkampf, umgeben von seiner blutrünstigen Crew.
- **Isabella Moreau's Deception:** Eine Schlacht voller psychologischer Gedankenspiele und Hinterhaltsfallen.
- **Deadeye Rua Koas Geisterschiff-Showdown:** Ein übernatürlicher Kampf an Bord eines verfluchten Schiffes, das sich in einem tödlichen Nebel verirrt hat.

2.4 Interaktionen zwischen Verbündeten, Feinden und NPCs

In *Like a Dragon: Pirate Yakuza auf Hawaii* fühlt sich die Welt nicht nur wegen der lebendigen Schauplätze und spannenden Kämpfe lebendig an, sondern auch wegen der dynamischen Beziehungen, die **Majima mit Verbündeten, Feinden und einer Vielzahl von NPCs eingeht.** Diese Interaktionen sind mehr als nur Hintergrundfüller – sie gestalten aktiv die Erzählung, schalten Nebenquests frei und beeinflussen die Spielmechanik. Egal, ob Majima Allianzen schmiedet, sich in brutale Rivalitäten verwickelt oder einfach nur bizarre Begegnungen mit exzentrischen Einheimischen hat, jede Interaktion verleiht seiner Piraten-Odyssee Tiefe.

Die Rolle der NPCs in Majimas Reise

NPCs (Non-Playable Characters) sind sowohl für die Story als auch für das Gameplay von entscheidender Bedeutung. Sie erfüllen verschiedene Funktionen:

- **Verbündete** , die an der Seite von Majima kämpfen und einzigartige Fähigkeiten und emotionale Tiefe bieten.

- **Feinde**, die für Spannung, Konflikte und denkwürdige Bosskämpfe sorgen.
- **Neutrale NPCs**, die Nebenquests anbieten, seltene Gegenstände verkaufen oder Weltenbau-Lore liefern.
- **Dynamische Charaktere**, deren Beziehungen zu Majima sich basierend auf den Entscheidungen, Aktionen und dem Ruf der Spieler innerhalb verschiedener Fraktionen entwickeln.

Alliierte: Freunde in einer gesetzlosen Welt

Während Majima vom Chaos lebt, braucht auch der "Mad Dog" eine Crew, auf die er sich verlassen kann. Neben seinem Kernteam *führt Like a Dragon: Pirate Yakuza auf Hawaii* eine Vielzahl von **Verbündeten ein, die sich vorübergehend Majimas Sache anschließen oder im Laufe des Spiels zu wiederkehrenden Begleitern werden**.

Wichtige Verbündete außerhalb der Hauptbesatzung

1. **Detektiv Keoni Matsuoka**
   - **Rolle:** Keoni, ein moralisch zerstrittener Detektiv bei der Honolulu Harbor Authority, beginnt als Widersacher, der Majimas Piratenaktivitäten untersucht, wird aber schließlich zu einem unerwarteten Verbündeten.
   - **Persönlichkeit: Stoisch, prinzipientreu und von persönlichem Verlust heimgesucht.** Sein Gerechtigkeitssinn kollidiert oft mit Majimas chaotischen Methoden, was zu einer angespannten, aber überzeugenden Partnerschaft führt.
   - **Auswirkungen auf das Gameplay:** Hilft bei **Ermittlungsmissionen**, beim Freischalten

versteckter Informationen, bei Infiltrationstaktiken und bei der Aufklärung von Verbrechen.

2. **Lani "Sturmflüstern" Keawe**
   - **Rolle:** Ein rebellischer Freiheitskämpfer, der eine kleine Miliz gegen unterdrückerische Piratenfraktionen und korrupte Kolonialmächte anführt.
   - **Persönlichkeit: Leidenschaftlich, furchtlos und von Rache getrieben.** Lani stellt Majimas Moral in Frage und drängt ihn oft, über die Konsequenzen seines Handelns nachzudenken, die über den persönlichen Vorteil hinausgehen.
   - **Auswirkungen auf das Gameplay:** Schaltet **Guerillakriegsmissionen**, Sabotageoperationen und Zugang zu einzigartigen Waffen frei, die aus Inselressourcen hergestellt werden.

3. **Hiroshi "Slim" Nakamura**
   - **Rolle:** Ein ehemaliger Informant des Tojo-Clans, der nach Hawaii geflohen ist, nachdem er die falschen Leute verraten hat. Slim bietet Majima wichtige Informationen über **Yakuza-Verbindungen**, die in den Piratennetzwerken verborgen sind.
   - **Persönlichkeit: Aalglatt, feige, aber überraschend einfallsreich.** Er passt immer auf sich selbst auf, erweist sich aber als nützlich, wenn viel auf dem Spiel steht.
   - **Auswirkungen auf das Gameplay:** Bietet Zugang zu **Schwarzmarktgeschäften**, Spionagemissionen und Informationen über rivalisierende Fraktionen.

4. **Kapitän Pua "Stahlwelle" Mahina**
   - **Rolle:** Pua ist ein angesehener Anführer eines indigenen Seefahrerstammes, der es mit seiner Beherrschung des Ozeans selbst mit den wildesten Piraten aufnehmen kann.

- Persönlichkeit: Weise, zurückhaltend und spirituell mit dem Meer verbunden. Pua dient sowohl als Verbündeter als auch als Mentor und hilft Majima, die kulturelle Bedeutung der hawaiianischen Inseln zu verstehen.
- Auswirkungen auf das Gameplay: Verbessert die Mechanik des Seekampfes, bietet Upgrades für Majimas Schiff und lehrt fortgeschrittene Segeltechniken.

Feinde: Rivalen, Verräter und Legenden

Keine Piratengeschichte ist komplett ohne furchterregende Feinde, und Majimas Reise ist voller Feinde, die seine Stärke, seinen Witz und seine Widerstandsfähigkeit auf die Probe stellen. Diese Gegner reichen von **rivalisierenden Piratenkapitänen bis hin zu persönlichen Rachefeldzügen, die in Majimas Vergangenheit verwurzelt sind.**

Bemerkenswerte Antagonisten

1. **Victor "Der Geier" DeMarco**
   - **Rolle:** Ein sadistischer Sklavenpirat, der vom Menschenhandel über den Pazifik profitiert. Victor lebt von psychologischer Manipulation und verspottet Majima oft mit Gedankenspielen.
   - **Persönlichkeit: Grausam, intelligent und rücksichtslos effizient.** Er genießt es, Menschen sowohl körperlich als auch geistig zu brechen.
   - **Bosskampf:** Ein brutaler Kampf an Bord einer Sklavengaleere, voller Umweltgefahren wie einstürzende Decks und explosive Fässer.

2. **Lieutenant Kaito "Die Schlange" Sugimura**
    - **Rolle:** Ein hochrangiges Yakuza-Mitglied mit Verbindungen zu Majimas verlorenen Erinnerungen. Kaito agiert im Schatten und orchestriert die Ereignisse hinter den Kulissen.
    - **Persönlichkeit: Berechnend, kalt und manipulativ.** Im Gegensatz zu Majimas chaotischer Energie ist Kaito methodisch und geduldig, was ihn zu einem furchterregenden Kontrast macht.
    - **Bosskampf:** Ein taktisches Duell in einem unterirdischen Yakuza-Versteck, in dem Kaito **Fallen, Hinterhalte und psychologische Kriegsführung** gegen Majima einsetzt.
3. **Captain Rua "Deadeye" Koa (Rivalischer Piratenlord)**
    - **Rolle:** Als Anführerin der Geisterriff-Korsaren ist Rua sowohl eine Rivalin als auch ein verdrehtes Spiegelbild von Majimas eigener chaotischer Natur. Ihre Beziehung schwankt zwischen gegenseitigem Respekt und tödlicher Rivalität.
    - **Persönlichkeit: Mysteriös, philosophisch und gefährlich unberechenbar.** Rua glaubt an die Freiheit, die das Chaos mit sich bringt, was ihn zu einem überzeugenden Gegenspieler für Majima macht.
    - **Bosskampf:** Eine legendäre Seeschlacht während eines tobenden Sturms, mit **Entersequenzen,** die von Kanonenfeuer von Schiff zu Schiff zu Schwertkämpfen wechseln.
4. **Die "Purpurwitwe" Akane Fujiwara (Fraktionsführerin)**
    - **Rolle:** Als Anführerin der Crimson Lotus-Flotte steht Akane mit ihrem rigiden Ehrenkodex im Widerspruch zu Majimas gesetzlosen Verhaltensweisen.

- Persönlichkeit: Diszipliniert, wild und
  unerschütterlich. Akane ist eine der wenigen, die es
  mit Majimas Können in einem Eins-gegen-Eins-
  Kampf aufnehmen kann.
- **Bosskampf:** Ein Katana-Duell bei Sonnenuntergang
  auf einem brennenden Dock, mit Umweltgefahren
  und filmreifen Finishern.

NPC-Interaktionssystem

Das Spiel verfügt über ein **robustes NPC-Interaktionssystem**, das
sich sowohl auf die Erzählung als auch auf das Gameplay auswirkt.
Diese Interaktionen reichen von unbeschwerten Nebenquests bis
hin zu entscheidenden Story-Entscheidungen mit dauerhaften
Konsequenzen.

Hauptmerkmale des NPC-Interaktionssystems:

1. **Dynamische Dialogoptionen**
   - In Gesprächen erhalten die Spieler oft mehrere
     Reaktionen, die von **Einschüchterung über
     Überzeugung bis hin zu Humor** reichen.
   - Entscheidungen wirken sich auf Beziehungen aus,
     schalten versteckte Quests frei oder lösen
     einzigartige Reaktionen von NPCs aus.
   - Einige Entscheidungen können im **späteren
     Verlauf des Spiels sogar zu** unerwartetem Verrat
     oder Allianzen führen.

2. **Reputation und Einfluss**
   - Majimas Ruf beeinflusst, wie NPCs mit ihm interagieren.
   - Ein **furchterregender Ruf** kann dazu führen, dass sich Feinde kampflos ergeben, während ein **charismatischer Ansatz** die Türen für diplomatische Lösungen öffnet.
   - Fraktionen und neutrale NPCs verfolgen Majimas Ruf und beeinflussen **Handelsgeschäfte, Rekrutierungsmöglichkeiten und den Zugang zu Sperrgebieten.**
3. **Nebenquests und Nebengeschichten**
   - Klassisch für die *Like a Dragon-Serie* kehren skurrile und emotionale **Nebengeschichten** mit einem Piraten-Twist zurück.
   - Die Spieler können einem **liebeskranken Seemann helfen, eine Meerjungfrau zu umwerben (oder zumindest jemanden, der wie eine verkleidet ist),** uralte Inselflüche **aufzudecken oder** bizarre lokale Geheimnisse **zu lösen.**
   - Das Abschließen von Nebenquests belohnt Spieler oft mit **seltenen Gegenständen, Fähigkeitsverbesserungen oder neuen Besatzungsmitgliedern.**
4. **Bindungen und Loyalitätsmechaniken**
   - Durch den Aufbau starker Bindungen zu Verbündeten werden **"Loyalitätsfähigkeiten" freigeschaltet,** mächtige Fähigkeiten, die während des Kampfes ausgelöst werden, wenn du an der Seite bestimmter Charaktere kämpfst.
   - Zeit mit NPCs durch Aktivitäten wie **Trinken, Sparring oder die Teilnahme an Crew-Events** zu verbringen, vertieft diese Beziehungen.

- ○ Einige Charaktere können sogar **romantische Nebenhandlungen haben**, die der Geschichte emotionale Ebenen hinzufügen.

Spezielle NPC-Begegnungen

- **Mysteriöse Einsiedler:** Zu finden auf abgelegenen Inseln, die kryptische Weisheiten oder seltene Schätze im Austausch für das Abschließen seltsamer Herausforderungen bieten.
- **Kopfgeldjäger: NPCs,** die von rivalisierenden Fraktionen angeheuert werden, um Majima aufzuspüren und zu eliminieren. Diese Begegnungen lösen **dynamische Hinterhalteereignisse** sowohl an Land als auch auf See aus.
- **Legendäre Händler:** Exzentrische Händler, die **einzigartige Waffen, uralte Artefakte und seltene Schiffsupgrades verkaufen**, die oft an schwer zugänglichen Orten versteckt sind.

Humor und exzentrische Charaktere

Getreu der *Like a Dragon-Serie* schreckt das Spiel nicht vor bizarren, urkomischen NPC-Interaktionen zurück. Erwarten:

- Eine **Piraten-Karaoke-Bar** , in der Majima Seemannslieder mit dramatischem Flair singt.
- Ein **sprechender Papageien-NPC** , der Lebensratschläge gibt und Majima gelegentlich beleidigt.
- Eine Quest mit einer **"verwunschenen" Kokosnuss,** von der man glaubt, dass sie verflucht ist (Spoiler: Es ist nur eine normale Kokosnuss).

Kapitel 3: Gameplay-Mechaniken

3.1 Das Kernkampfsystem erklärt

In *Like a Dragon: Pirate Yakuza auf Hawaii* entwickelt sich das Kampfsystem über traditionelle Straßenkämpfe hinaus und verbindet **klassische Beat-'em-up-Mechaniken im Yakuza-Stil** mit dynamischer Piraten-Action. Die Spieler werden in intensive **Nahkämpfe, Schwertkämpfe, Seegefechte und sogar chaotische Schlägereien an Bord sinkender Schiffe** verwickelt. Das Spiel verbindet rasante Kombos nahtlos mit Interaktionen mit der Umgebung, wodurch sich jeder Kampf frisch, brutal und filmisch anfühlt.

Schlüsselelemente des Kernkampfsystems

1. Action-Kämpfe in Echtzeit

Das Spiel behält die Echtzeitkämpfe bei, die die Fans lieben, mit fließenden Übergängen zwischen Erkundung und Kampf.

- **Flüssige Kombos:** Mische leichte und schwere Angriffe, um verheerende Kombos zu erstellen.
- **Konterangriffe:** Perfekt getimte Blocks oder Ausweichmanöver lösen brutale Gegenangriffe aus.
- **Hitzeaktionen:** Übertriebene, filmische Todesstöße, die ausgelöst werden, wenn Majimas **Hitzeanzeige** voll ist. Erwarte wilde Piraten-Finisher wie **das Aufspießen von Feinden mit Harpunen** oder das Zertrümmern von Köpfen mit **Rumfässern.**

2. Kampf um die Umwelt

Majimas chaotische Energie scheint durch die Wechselwirkungen mit der Umgebung.

- **Benutze Objekte als Waffen:** Barhocker, Anker, Ruder, Kokosnüsse – was auch immer, Majima kann sie als Waffe einsetzen.
- **Dynamische Arenen:** Die Kämpfe finden auf instabilen Schiffen, Docks mit einstürzenden Planken und Tavernen statt, in denen Tische in Splitter zerschlagen werden können.
- **Integration von Seekämpfen:** Nahtloser Übergang von Deckskämpfen zur Kanonenkontrolle während Schiffsschlachten.

3. Combo-Kettensystem

Ein neues **Kombokettensystem** belohnt aggressive Spielstile:

- **Kettenboni:** Reiht Nahkampf-, Fernkampf- und Umgebungsangriffe aneinander, ohne Schaden zu nehmen, um Majimas Angriffskraft zu erhöhen.
- **Kombo-Todesstöße:** Schaltet einzigartige Moves frei, wenn ihr eine hohe Anzahl an Kombos erreicht, wie z. B. **sich drehende Schwerthiebe** oder **Doppelpistolen-Akrobatik**.

4. Vielseitigkeit der Waffen

Majima ist nicht auf Fäuste beschränkt. Das Spiel bietet eine große Auswahl an Waffen aus der Piratenära:

- **Nahkampfwaffen:** Entermesser, Katanas, Enteräxte und sogar zerbrochene Flaschen.

- **Fernkampfwaffen:** Steinschlosspistolen, Wurfmesser, Musketen und improvisierte Schusswaffen wie **Kanonenpistolen.**
- **Zweihändig:** Einige Waffen können beidhändig geführt werden, was auffällige Angriffe mit hoher Geschwindigkeit ermöglicht.

5. Adrenalin-Surge Modus

Als Ersatz für den traditionellen "Wut-Modus" kann Majima in **den Adrenalinschub wechseln** , wenn sich seine Anzeige füllt:

- **Verlangsamte Zeit: Die** Zeit verlangsamt sich kurzzeitig, sodass Majima schnelle Angriffe verketten kann.
- **Erhöhter Schaden:** Angriffe verursachen erhöhten Schaden mit einzigartigen Animationen.
- **Unbegrenzte Heat-Aktionen:** Solange sie aktiv ist, kann Majima Heat-Aktionen ohne Einschränkungen spammen.

3.2 Kampfstile zwischen Mad Dog und Seebären

Majimas charakteristische Unberechenbarkeit erstreckt sich auch auf seine beiden Kampfstile: **Mad Dog** und **Sea Dog**. Die Spieler können während des Kampfes zwischen diesen Stilen wechseln, die jeweils unterschiedliche Stärken, Schwächen und Mechaniken bieten.

Mad Dog Fighting Style (Rückkehr aus der Yakuza-Serie)

Majimas ikonischer, chaotischer Brawler-Stil kehrt mit Verbesserungen zurück, die auf den Piratenkampf zugeschnitten sind.

- **Geschwindigkeit und Wildheit:** Schnelle, unberechenbare Bewegungen mit unerbittlicher Aggression.
- **Waffenintegration:** Konzentriere dich auf **Klingenwaffen** wie Katanas und Messer mit wirbelnden Angriffen und schnellen Hieben.
- **Akrobatische Manöver:** Ausweichflips, Wandtritte und unvorhersehbare Ausfallschritte, um Feinde aus dem Gleichgewicht zu bringen.
- **Signature-Move: "Mad Dog Frenzy"** – ein Berserker-Modus, in dem Majima eine Flut von Hieben entfesselt und dabei wahnsinnig lacht.

Am besten verwendet gegen:

- Schnelle, wendige Feinde.
- Auf engstem Raum wie im Schiffsinnenraum oder in überfüllten Bars.

Seebären-Kampfstil (neu für Piraten)

Inspiriert von traditionellen Piratenkämpfen, konzentriert sich Sea Dog auf **rohe Stärke, Marinewaffen und Interaktionen in der Umgebung**.

- **Schwere Schläge:** Langsamere, aber verheerende Angriffe mit **Äxten, Harpunen und stumpfen Waffen**.

- **Grappling-Techniken:** Befehlige Griffe, Würfe und Wrestling-Moves – perfekt, um **Feinde über Bord zu werfen**.
- **Cannon Fury:** Spezialbewegungen, bei denen Majima buchstäblich **Handkanonen** aus nächster Nähe abfeuert.
- **Signature-Move: "Ankerschlag"** – Majima schwingt einen Anker wie einen riesigen Dreschflegel und verursacht massiven Flächenschaden.

Am besten verwendet gegen:

- Gepanzerte Feinde und große feindliche Gruppen.
- Bei Schlachten an Bord, bei denen Umweltgefahren ausgenutzt werden können.

Wechsel des Stils mitten im Kampf

- **Nahtlose Übergänge:** Wechsle sofort zwischen den Stilen, um Kombos zu verketten (z. B. mit den schnellen Schlägen von Mad Dog zu beginnen und dann zu Sea Dog zu wechseln, um einen mächtigen Finisher zu erhalten).
- **Stilspezifische Hitzeaktionen:** Jeder Stil verfügt über einzigartige Hitzeattacken, die die Spieler dazu ermutigen, sich je nach Situation anzupassen.

3.3 Sprungmechanik und Luftkombos

Zum ersten Mal in der Like *a Dragon-Serie* beinhalten Majimas Kämpfe **Sprungmechaniken und Luftkombos**, die den Kämpfen eine vertikale Dimension verleihen. Dies ist nicht nur zur Show gedacht – es ist ein Game-Changer, besonders in Piratenumgebungen mit Masten, Takelage und mehrstöckigen Decks.

Sprung-Mechanik

- **Einfacher Sprung:** Ein Standardsprung, um Angriffen auszuweichen oder erhöhte Bereiche zu erreichen.
- **Wandsprünge:** In geschlossenen Bereichen kann Majima **Wände abstoßen,** um an Höhe zu gewinnen oder Überraschungsangriffe auszuführen.
- **Seil- und Mastnavigation:** Während Schiffsschlachten kann sich Majima **an Seilen schwingen** oder **Masten erklimmen** und Luftangriffe von oben starten.

Kombos in der Luft

- **Startangriffe:** Bestimmte Attacken können **Feinde in die Luft schleudern** und sie so für Luftjonglier-Kombos vorbereiten.
- **Luftangriffe:** Verkette leichte und schwere Angriffe in der Luft. Majima kann **sich mit zwei Entermessern drehen** oder Tauchtritte ausführen.
- **Luft-Todesstöße:** Verheerende Bewegungen, die Gegner zu Boden werfen und Schockwellen auslösen, die Gegnern in der Umgebung Schaden zufügen.

Wärmeeinwirkungen aus der Luft

- **"Skull Diver Smash":** Majima springt von einem Mast und rammt sein Schwert mit einer donnernden Landung direkt in die Brust eines Feindes.
- **"Flying Mad Dog":** Ein lächerlicher (und großartiger) Spielzug, bei dem Majima in der Luft Purzelbäume schlägt und Pistolen in alle Richtungen abfeuert, bevor sie in einer Superhelden-Pose landet.

Umwelt-Lufttaktiken

- **Schiffsschlachten:** Springe während der Seeschlacht zwischen Schiffen hin und her oder stoße Feinde aus Krähennestern.
- **Tavernenschlägereien:** Springe von Balkonen oder Kronleuchtern für Überraschungsangriffe.
- **Duelle an den Klippen:** Stoße Feinde mit dramatischen Stürzen in Zeitlupe von Klippen oder Vorsprüngen.

3.4 Gesundheits-, Ausdauer- und Ressourcenmanagement

Um in der brutalen Welt der Piratenkriege zu überleben, geht es nicht nur um rohes Können. Die Verwaltung von Majimas **Gesundheit, Ausdauer und Ressourcen** ist von entscheidender Bedeutung, insbesondere bei ausgedehnten Schlachten und Seegefechten.

Gesundheitswesen

- **Gesundheitsleiste:** Standard-Gesundheitsanzeige, die auf dem Bildschirm angezeigt wird. Schaden verringert ihn, und Erschöpfung führt zur Niederlage.
- **Verletzungsmechaniker: Schwere** Treffer können vorübergehende **Verletzungen verursachen** und die maximale Gesundheit verringern, bis sie behandelt werden.
- **Regeneration:** Geringe Gesundheit regeneriert sich außerhalb des Kampfes langsam, aber eine signifikante Erholung erfordert Gegenstände oder Fähigkeiten.

Ausdauer-System

- **Ausdauerleiste:** Steuert Majimas Fähigkeit, zu sprinten, auszuweichen und fortgeschrittene Manöver auszuführen.
- **Erschöpfungszustand:** Eine übermäßige Belastung der Ausdauer führt zu vorübergehender Erschöpfung und verlangsamt Majimas Bewegungen.
- **Adrenalinschub:** Wenn du aufeinanderfolgende Treffer landest, ohne vorübergehend Schaden zu nehmen, wird die Ausdauer schneller wiederhergestellt.

Ressourcenmanagement

1. Verbrauchsmaterialien

- **Heiltränke:** Rumflaschen, tropische Früchte und Heilkräuter stellen die Gesundheit wieder her.
- **Ausdauerstärkungsmittel:** Energy-Drinks und Piratengebräue fördern die Ausdauerregeneration.
- **Buff-Gegenstände:** Vorübergehende Boosts für Angriff, Verteidigung oder Geschwindigkeit. Beispiel: **"Schießpulver-Grog"** erhöht den Explosionsschaden.

2. Handwerksmaterialien

- **Schiffs-Upgrades:** Sammle seltene Hölzer, Metalle und Segel, um die Werte deines Schiffes zu verbessern.
- **Waffenverbesserungen:** Sammle Materialien , um **Schwerter zu schärfen, Rüstungen zu verstärken oder Waffen mit Elementareffekten zu versehen** .

3. Munitionsmanagement (für Fernkampfwaffen)

- **Begrenzte Munition:** Schusswaffen erfordern eine sorgfältige Munitionsverwaltung. Die Spieler können Kugeln plündern oder kaufen.
- **Spezialmunition:** Schalte explosive Munition, mit Gift bestückte Pfeile und Brandkanonenkugeln frei.

Status-Effekte

- **Blutungen:** Verursacht einen kontinuierlichen Gesundheitsverlust, wenn sie nicht behandelt werden.
- **Brennen:** Feuerbasierte Angriffe setzen Gegner (und manchmal auch Majima) in Brand und verursachen Schaden über Zeit.
- **Betrunkene Wut:** Zu viel Alkohol im Kampf zu trinken löst unvorhersehbare Buffs aus – manchmal hilfreich, manchmal chaotisch.

Heilende Mechanik

- **Schnelle Heilung:** Verwende Gegenstände mitten im Kampf über ein Schnellzugriffsmenü.
- **Rastplätze:** Sichere Zonen wie Tavernen oder Lagerfeuer ermöglichen eine vollständige Wiederherstellung und Ressourcenverwaltung.
- **Unterstützung der Besatzung:** Bestimmte Verbündete können Majima während des Kampfes heilen, wenn ihre Loyalität hoch genug ist.

Kapitel 4: Erkundung und Navigation in der offenen Welt

4.1 Wichtige Standorte: Rich Island, Madlantis, Nele Island und Honolulu

Like a Dragon: Pirate Yakuza in Hawaii bietet eine weitläufige offene Welt auf der anderen Seite des Pazifiks, in der **üppige tropische Inseln, geschäftige Piratenhäfen, alte Ruinen und städtische Umgebungen miteinander verschmelzen**. Jeder Schlüsselort bietet einzigartige Geschichten, Nebenquests, verborgene Geheimnisse und Herausforderungen in der Umgebung, die Majimas Erkundungsfähigkeiten an ihre Grenzen bringen.

Rich Island: Die Goldmine des Piraten

- **Überblick:** Rich Island ist ein tropisches Paradies, das von Gier korrumpiert wurde und das Herz des Piratenhandels in der Region ist. Einst ein heiliges Land, ist es heute von Schwarzmärkten, illegalen Handelsposten und abtrünnigen Piratenfraktionen überrannt, die um die Kontrolle kämpfen.
- **Wichtige Sehenswürdigkeiten:**
  - **Die Crimson Docks:** Ein chaotischer Hafen, in dem Schiffe Schmuggelware entladen und rivalisierende Piraten häufig aufeinandertreffen.
  - **Vergoldeter Markt:** Ein geschäftiger Basar voller exotischer Waren, seltener Waffen und zwielichtiger Händler.

- o **Das versunkene Gewölbe:** Eine versteckte unterirdische Höhle, in der **sich angeblich uralte Schätze befinden, die** von tödlichen Fallen bewacht werden.
- **Gameplay-Highlights:**
  - o **Intensive Bandenkämpfe** auf dem Marktplatz.
  - o Schmuggelmissionen, bei denen Schleichen und Täuschung zum Einsatz kommen.
  - o Schatzsuchen, bei denen Umgebungsrätsel gelöst werden müssen.

Madlantis: Die verlorene Stadt unter den Wellen

- **Überblick:** Eine mythische Unterwasserstadt, die nach einem Vulkanausbruch versunken ist. Madlantis ist eine Mischung aus **antiken Ruinen und fortschrittlicher Piratentechnologie**, mit Legenden von verfluchten Relikten, die in den Tiefen verborgen sind.
- **Wichtige Sehenswürdigkeiten:**
  - o **Der Ertrunkene Palast:** Eine labyrinthartige Struktur voller Sprengfallen und geisterhafter Wächter.
  - o **Korallenkatakomben:** Labyrinthartige Tunnel, die von mutierten Meerestieren und Plündererpiraten bevölkert werden.
  - o **Der Friedhof des Leviathans:** Ein riesiges Unterwasserschlachtfeld, umgeben von den Knochen uralter Meerestiere.
- **Gameplay-Highlights:**
  - o **Unterwassererkundung** mit Tauchausrüstung.
  - o Lösen Sie **druckbasierte Rätsel** und vermeiden Sie Gefahren unter Wasser.
  - o Kämpfe gegen Seeungeheuer in Kampfsequenzen, die der Schwerelosigkeit ähneln.

Nele Island: Die wilde Grenze

- **Überblick:** Die Insel Nele, die als "Die Insel, die zurückbeißt" bekannt ist, ist ein dichter Dschungel voller **ungezähmter Wildtiere, feindlicher Stämme und gefährlichem Gelände**. Es ist ein gesetzloses Land, in dem die Natur selbst Majimas Feind ist.
- **Wichtige Sehenswürdigkeiten:**
  - **Skull Rock Summit:** Eine hoch aufragende Klippe in Form eines Schädels, die einen Panoramablick und versteckte Scharfschützenplätze bietet.
  - **Der Hollow Grove:** Ein heiliger Wald, in dem uralte Geister umherstreifen sollen – Heimat einiger der surrealsten Nebenquests des Spiels.
  - **Bloodwater Falls:** Ein Wasserfall, der ein geheimes Höhlensystem verbirgt, das von rebellischen Piraten genutzt wird.
- **Gameplay-Highlights:**
  - **Überlebensmechanik:** Stelle provisorische Waffen her, jage nach Nahrung und vermeide Umweltgefahren wie Treibsand.
  - **Stealth-basierte Missionen** in dichtem Laub.
  - Verfolgungsjagden mit wilden Tieren (ja, Majima kann mit einem Bären kämpfen, wenn du mutig bist).

Honolulu: Der urbane Spielplatz der Piraten

- **Überblick:** Eine pulsierende Küstenstadt, die hawaiianische Kultur mit kolonialer Architektur verbindet. Im Gegensatz zu den gesetzlosen Inseln wird Honolulu stark von Marinebehörden patrouilliert, was zu Spannungen für Majima führt, da er sich sowohl in der kriminellen Unterwelt als auch in der High Society zurechtfindet.

- **Wichtige Sehenswürdigkeiten:**
  - ○ **King's Row:** Das luxuriöse Viertel voller kolonialer Villen, Casinos und politischer Intrigen.
  - ○ **Die Slum Docks:** Ein düsteres, gefährliches Gebiet, das von Straßengangs und Schmugglern kontrolliert wird.
  - ○ **Die Festung der Royal Navy:** Eine schwer bewachte Militärbasis, die eine Schlüsselrolle in großen Story-Missionen spielt.
- **Gameplay-Highlights:**
  - ○ **Urbane** Parkour-Mechanik für Verfolgungsjagden auf Dächern.
  - ○ Beteiligung an **Untergrund-Kampfclubs** und illegalen Rennen.
  - ○ **Tarnsystem**, um feindliche Gebiete zu infiltrieren.

4.2 Schnellreise und versteckte Bereiche

Die Erkundung der riesigen offenen Welt kann zeitaufwändig sein, aber das Spiel bietet **flexible Schnellreiseoptionen** und ermutigt die Spieler, versteckte Bereiche voller Belohnungen und Überraschungen zu suchen.

Schnellreisesystem

- **Reisen von Hafen zu Hafen:** Freischaltbare **Docks und Häfen** dienen als Schnellreisepunkte. Majima kann sofort zwischen großen Inseln hin- und hersegeln, sobald sie entdeckt wurden.
- **Geheime Tunnel und Piratengänge:** Versteckte unterirdische Tunnel in Städten wie Honolulu ermöglichen schnelle Fluchten oder heimliche Bewegungen zwischen den Bezirken.

- **Seefahrer-Taxi-System:** Eine skurrile Schnellreiseoption, bei der **exzentrische Kapitäne** Majima zwischen den Inseln hin- und hertransportieren, oft mit urkomischen Dialogen und Nebenmissionen auf dem Weg.

Versteckte Bereiche und geheime Orte

- **Schatzkeilen:** Versteckte Höhlen voller **seltener Beute**, die von Fallen oder Minibossen bewacht werden.
- **Verlorene Piratenfestungen:** Verlassene Festungen, für deren Zugang Umgebungsrätsel gelöst werden müssen.
- **Mysteriöse Schreine:** Mysteriöse Altäre, die mit den übernatürlichen Elementen des Spiels verbunden sind. Das Anbieten von Gegenständen hier kann **geheime Bosskämpfe oder versteckte Quests** auslösen.
- **Urbane Geheimnisse:** Verstecke auf Dächern, unterirdische Flüsterkneipen und versteckte Gassen in Honolulu, in denen illegale Aktivitäten gedeihen.

Verborgene Bereiche freischalten

- **Schatzkarten:** Diese Karten sind in der gesamten Spielwelt zu finden und bieten kryptische Hinweise, die zu geheimen Orten führen.
- **Klettern und Parkour:** Einige versteckte Bereiche sind nur durch **das Erklimmen von Klippen, das Schwingen an Seilen oder akrobatische Sprünge** zugänglich.
- **Hinweise auf die Umgebung:** Achte auf **seltsame Markierungen, ungewöhnliche Felsformationen oder NPC-Gerüchte,** um Geheimnisse zu lüften.

4.3 Umweltinteraktionen und Klettermechanik

Die Erkundung in *Like a Dragon: Pirate Yakuza auf Hawaii* beschränkt sich nicht nur auf Wandern und Segeln. Das Spiel führt ein robustes **Klettersystem und eine Interaktionsmechanik für die Umgebung ein,** die es Majima ermöglicht, sich wie nie zuvor mit der Welt auseinanderzusetzen.

Kletter-Mechanik

- **Freies Klettern:** Majima kann **Klippen, Wände und Schiffsmasten mit einem einfachen,** aber flüssigen Klettersystem erklimmen.
- **Enterhaken:** Der Enterhaken kann später im Spiel freigeschaltet werden und ermöglicht es Majima, sich über Lücken zu schwingen, sich von Klippen abzuseilen und sogar **Feinde während des Kampfes** von Vorsprüngen zu ziehen.
- **Herausforderungen für dynamisches Klettern:** In einigen Bereichen gibt **es Umweltgefahren** wie bröckelnde Felsvorsprünge, herabfallende Steine oder rutschige Oberflächen, die schnelle Reflexe erfordern.

Wechselwirkungen mit der Umwelt

- **Interaktive Objekte:** Fässer, Kisten, Kronleuchter und mehr können sowohl im Kampf als auch in der Erkundung verwendet werden.
  - **Beispiel:** Das Durchtrennen eines Seils, um eine Kiste auf Feinde fallen zu lassen, oder das Schwingen von einem Kronleuchter, um eine hohe Plattform zu erreichen.

- **Zerstörbare Umgebungen:** Bestimmte Strukturen können **während der Kämpfe zerstört werden und versteckte Pfade** oder Beute freilegen.
- **Wassermechanik:** Majima kann **in flachen Gewässern schwimmen, tauchen und sogar kämpfen,** was den Wasserumgebungen Vertikalität verleiht.

Umgebungs-Rätsel

- **Hebel- und Flaschenzugsysteme:** Üblich in Piratenruinen und Schiffswracks, bei denen die Spieler Objekte manipulieren müssen, um Türen zu öffnen oder Mechanismen zu aktivieren.
- **Lichtreflexionsrätsel:** Verwende Spiegel oder reflektierende Oberflächen, um **uralte Tempelrätsel zu lösen.**
- **Druckplatten: Tritt** in der richtigen Reihenfolge auf bestimmte Kacheln, um geheime Kammern zu öffnen.

4.4 Dynamisches Wetter und Tag-Nacht-Zykluseffekte

Die Spielwelt fühlt sich dank ihres **dynamischen Wettersystems** und eines realistischen **Tag-Nacht-Zyklus lebendig an** , der sich nicht nur auf die Grafik, sondern auch auf die Spielmechanik, das Verhalten der Feinde und die Verfügbarkeit von Missionen auswirkt.

Dynamisches Wettersystem

- **Tropische Stürme:** Plötzliche Regenstürme beeinträchtigen die Sicht, schaffen rutschige Oberflächen und lösen **bei Seeschlachten** raue See aus.

- o **Auswirkungen auf das Gameplay:** Das Segeln wird immer schwieriger, da die Schiffe heftig schaukeln. An Land ist die Tarnung einfacher, da die Sichtlinien der Feinde eingeschränkt sind.
- **Foggy Mornings:** Dichter Nebel sorgt für eine unheimliche Atmosphäre, perfekt für Hinterhalte oder Stealth-Missionen.
- **Vulkanische Aschewolken:** In der Nähe von Vulkaninseln verringert Ascheregen die Ausdauerregeneration und verursacht mit der Zeit geringfügige Umweltschäden.
- **Tsunamis (Special Events):** Seltene, aber katastrophale Ereignisse, bei denen Majima **den steigenden Fluten entkommen** muss, was zu spannenden Szenen führt.

Auswirkungen des Tag-Nacht-Zyklus

- **Feindliches Verhalten:**
  - o **Tag:** Mehr Marinepatrouillen, aktive Marktplätze und sichtbare Sicherheitskräfte.
  - o **Nachts:** Die Gangs werden dreister, illegale **Straßenkämpfe** und **Schwarzmarktgeschäfte** sind in vollem Gange. Bestimmte Quests sind nur nach Einbruch der Dunkelheit verfügbar.
- **Missionsvariationen:** Einige Story-Missionen ändern sich je nach Tageszeit und bieten unterschiedliche Gegnerplatzierungen oder Dialogoptionen.
- **Stealth-Vorteil:** Dunkelheit macht es einfacher, nicht entdeckt zu werden, und verleiht Infiltrationsmissionen taktische Tiefe.
- **NPC-Zeitpläne:** Die Stadtbewohner folgen täglichen Routinen – **Händler öffnen tagsüber ihre Geschäfte**, während **betrunkene Matrosen und Informanten** nachts die Tavernen bevölkern.

Wetterabhängige Missionen und Events

- **Sturmraub-Missionen:** Bestimmte Nebenquests werden nur bei bestimmten Wetterbedingungen ausgelöst, z. B. **beim Ausrauben eines Schiffes im Schutz eines Sturms.**
- **Versteckte Höhlen enthüllt:** Ebbe zu bestimmten Tageszeiten kann **geheime Höhlen** oder versunkene Schätze freilegen.
- **Zufällige Weltereignisse:** Dynamische Begegnungen, wie z. B. **die Hilfe bei Überlebenden von Schiffbrüchen während eines Hurrikans** oder **der Kampf gegen verfluchte Piraten unter einem Blutmond.**

Kapitel 5: Seeschlachten und Schiffsanpassung

5.1 Der Goromaru: Dein Piratenschiff

In *Like a Dragon: Pirate Yakuza auf Hawaii* ist deine Reise über den Pazifik nicht komplett ohne dein treues Schiff, **die Goromaru**. Benannt nach Goro Majima selbst, ist dieses Schiff mehr als nur ein Transportmittel – es ist eine **schwimmende Festung, eine mobile Basis und ein Symbol für Majimas chaotische Herrschaft auf hoher See**.

Design und Ästhetik

- **Einzigartiger Look:** Die Goromaru verbindet traditionelle japanische Piratenschiffsarchitektur mit robustem Yakuza-Flair – **kunstvolle Drachenschnitzereien, purpurrote Segel und vom Kampf abgenutzte Rümpfe**.
- **Personalisierung:** Die Spieler können **die Farben, die Galionsfigur, die Flaggen und sogar die Graffiti des Schiffes anpassen**, um Majimas wilde Persönlichkeit widerzuspiegeln.
- **Innenräume:** Im Gegensatz zu typischen Piratenspielen kannst du das Innere erkunden, einschließlich:
    - **Kapitänsquartier:** Hier lagert Majima persönliche Gegenstände, Karten und Erinnerungsstücke aus Nebenquests.
    - **Crew-Lounge:** Interagiere mit deiner Crew, um Minispiele, Dialogoptionen und Bindungsereignisse zu erleben.

- o **Waffenkammer:** Ein Versteck für Schiffswaffen-Upgrades und seltene Sammlerstücke.

Schiffs-Funktionen

- **Mobiles Versteck:** Die Schnellreise, die Planung von Nebenmissionen und das Crew-Management sind alle über die Goromaru zugänglich.
- **Kampfplattform:** Es ist mit Kanonen, Harpunen und speziellen, von der Yakuza inspirierten Waffen für **Seeschlachten in Echtzeit** ausgestattet.
- **Schatzlager:** Ein sicherer Tresor für geplünderte Schätze, seltene Materialien und Schmuggelware, die bei Raubzügen gesammelt wurden.

5.2 Echtzeit-Seeschlachten erklärt

Bei den Seeschlachten im Spiel geht es nicht nur darum, Kanonen abzufeuern. Es ist ein intensives, rasantes Erlebnis, das **strategische Manöver, Echtzeit-Action und Chaos im Yakuza-Stil kombiniert.**

Grundlegende Steuerung und Mechanik

- **Schiffsbewegung:** Steuern Sie Geschwindigkeit, Richtung und Positionierung mit einem dynamischen Segelsystem, das Windrichtung, Meeresströmungen und Schiffsgewicht berücksichtigt.
- **Kanonenfeuer:** Verwende **Breitseitenkanonen** für weite Angriffe oder **Präzisionsharpunen** für gezielte Angriffe. Zielen Sie manuell auf kritische Treffer auf feindliche Schiffe.
- **Enteraktionen:** Sobald ein feindliches Schiff geschwächt ist, kann Majima **für den Nahkampf auf feindliche Decks**

springen und so Seeschlachten in brutale Nahkämpfe verwandeln.

Arten von Marinewaffen

- **Standardkanonen:** Zuverlässig für Fernangriffe, mit Aufrüstungsoptionen für erhöhten Schaden.
- **Flammenwerfer:** Montierte Flammenwerfer für **Verwüstung auf kurze Distanz**, perfekt, um feindliche Decks in Brand zu setzen.
- **Kettenschuss:** Spezialisierte Kanonenkugeln, die **feindliche Masten lahmlegen und** schnellere Schiffe verlangsamen sollen.
- **Explosive Fässer:** Sie können vom Deck geworfen oder über Katapulte abgeschossen werden – diese Fässer explodieren beim Aufprall und verursachen **massiven Flächenschaden**.

Besondere Kampffunktionen

- **Adrenalin-Modus:** Ähnlich wie bei Majimas "Mad Dog"-Kampfstil kann das Schiff in einen wutähnlichen Zustand übergehen, in dem der Schadensausstoß vorübergehend ansteigt und die Besatzung aggressiver kämpft.
- **Gefahren für die Umgebung:** Nutze die Umgebung zu deinem Vorteil – **navigiere feindliche Schiffe in Riffe, Strudel oder explosive Fässer,** die im Wasser treiben.
- **Bosskämpfe:** Tritt gegen **legendäre Meeresbewohner, feindliche Piratenlords und sogar militärische Kriegsschiffe** in mehrphasigen Schlachten mit kinoreifem Flair an.

5.3 Verbessere dein Schiff: Waffen, Panzerung und Besatzung

Um im tückischen Pazifik zu überleben, braucht die Goromaru ständige Upgrades. Diese Verbesserungen verbessern nicht nur die Leistung, sondern fügen auch neue taktische Optionen bei Seegefechten hinzu.

Waffen-Upgrades

- **Verbesserte Kanonen:** Verbessert die Feuergeschwindigkeit, die Reichweite und den Schaden.
- **Harpunenwerfer:** Unverzichtbar für den Kampf und die **Jagd auf Seeungeheuer**.
- **An Deck montierte Maschinengewehre:** Eine moderne Variante für Schnellfeuerangriffe gegen kleinere, sich schnell bewegende Ziele.

Panzerung und defensive Modifikationen

- **Verstärkte Wanne:** Erhöht die Widerstandsfähigkeit gegen Kanonenfeuer und Rammangriffe.
- **Feuerfeste Beschichtung:** Reduziert den Schaden von Brandwaffen.
- **Schockwellenpanzerung:** Ein fortschrittliches Upgrade, das einen **defensiven Impuls auslöst** , wenn das Schiff kritischen Schaden erleidet und Gegner in der Nähe zurückstößt.

Crew-Management und Upgrades

- **Rekrutiere verschiedene Besatzungsmitglieder:** Jedes Besatzungsmitglied verfügt über einzigartige Fähigkeiten –

einige steigern die Kampfeffizienz, während andere die Segelgeschwindigkeit oder die Reparaturfähigkeiten verbessern.

- **Besatzungstraining:** Weisen Sie der Besatzung spezialisierte Rollen wie **Richtschützen, Navigatoren, Sanitäter oder Saboteure** zu.
- **Bindungsereignisse:** Durch die Stärkung der Beziehungen zu Besatzungsmitgliedern werden **besondere Fähigkeiten freigeschaltet und die Moral** während der Kämpfe gesteigert.

Anpassungsoptionen

- **Kosmetische Skins:** Schalte seltene Schiffsdesigns durch Story-Missionen, Nebenquests oder Schatzsuchen frei.
- **Galionsfiguren mit Buffs:** Einige Galionsfiguren sind nicht nur dekorativ – sie gewähren passive Boni wie schnellere Nachladezeiten oder verbesserte Geschwindigkeit bei Stürmen.
- **Deck-Dekorationen:** Passe sie mit Flaggen, Bannern und sogar **Neon-Yakuza-Schildern** für den charakteristischen Majima-Stil an.

5.4 Strategien zur Meereserkundung und Seeherrschaft

Bei der Eroberung der Meere geht es nicht nur um rohe Gewalt. Um Majimas Vorherrschaft zu etablieren, brauchst du eine Mischung aus **taktischem Denken, Ressourcenmanagement und Piraterie-Expertise.**

Kampfstrategien

- **Flankenmanöver:** Nutze Geschwindigkeit und Positionierung, um **feindliche Schiffe aus ihren toten Winkeln anzugreifen** und ihre stärkste Verteidigung zu umgehen.
- **Hit-and-Run-Taktik:** Gegen größere Schiffe feuerst du ein schnelles Sperrfeuer ab und ziehst dich zurück, bevor sie zurückschlagen können.
- **Fokus auf das Entern:** Manchmal ist es rentabler, ein feindliches Schiff zu **entern und zu plündern,** als es zu versenken. Auf diese Weise sammelst du mehr Ressourcen.
- **Umweltkrieg:** Locke Feinde in gefährliche Gewässer – wie in der Nähe von **Vulkaninseln** mit Lavaströmen oder in **Sturmzonen** mit schlechter Sicht.

Ressourcenmanagement auf See

- **Munition und Vorräte:** Kanonenkugeln, Lebensmittel und Reparaturmaterialien sind begrenzt. Stelle sicher, dass du **dich in befreundeten Häfen eindeckst** oder Beute von besiegten Schiffen machst.
- **Moral der Besatzung:** Lange Reisen ohne Siege oder Pause können dazu führen, dass die Moral der Besatzung sinkt, was sich auf die Leistung auswirkt. Nehmen Sie an **Crew-Events** wie Festen, Liedern oder Geschichtenerzählen teil, um die Stimmung hoch zu halten.
- **Wetterbewusstsein:** Vermeiden Sie es, blind in Stürme zu segeln, es sei denn, Sie sind vorbereitet. Verwenden Sie die Wetterverfolgungstools des Schiffes , um gefährliche Bedingungen vorherzusagen.

Etablierung der Seeherrschaft

- **Eroberung von Kontrollpunkten:** Erobere strategische Häfen und **Piratenfestungen** , um deinen Einfluss zu erweitern. Diese Standorte generieren Einkommen und bieten sichere Häfen.
- **Reputationssystem:** Deine Aktionen auf hoher See wirken sich auf deinen Ruf aus. Ein gefürchteter Pirat wird **von den Seestreitkräften gejagt,** aber von kriminellen Fraktionen respektiert.
- **Rivalisierende Piratenkapitäne:** Nimm an epischen Duellen mit berüchtigten Piratenführern teil. Wenn du sie besiegst, bringst du nicht nur Beute, sondern **verbesserst auch deine Legende und ziehst** stärkere Besatzungsmitglieder an.

Verborgene Marinegeheimnisse

- **Legendäre Schiffsjagden:** Spüre **mythische Geisterschiffe** und verlorene Schatzflotten auf, um seltene Beute zu finden.
- **Geheime Seewege:** Entdecke versteckte Passagen, die eine **schnellere Reise** oder den Zugang zu unerforschten Inseln ermöglichen.
- **Übernatürliche Ereignisse:** Gelegentlich verhält sich das Meer... seltsamerweise. Hüte dich vor **Phantomnebeln, verfluchten Gewässern und Seeungeheuern,** die dort lauern, wo auf den Karten steht, dass nichts existiert.

Kapitel 6: Quests, Nebenmissionen und Story-Fortschritt

6.1 Aufschlüsselung der Hauptstory-Missionen

Das Herzstück von *Like a Dragon: Pirate Yakuza auf Hawaii* liegt in den packenden Hauptmissionen, die **Goro Majimas wilde Odyssee** von der berüchtigten Yakuza zur gefürchteten Piratenlegende verfolgen. Die Geschichte entfaltet sich über mehrere Akte, die jeweils vollgepackt sind mit filmreifen Sequenzen, Kämpfen mit hohem Einsatz und unerwarteten Wendungen, die Majimas chaotischen Charme zeigen.

Struktur der Geschichte

- **Akte & Kapitel:** Die Erzählung ist in **5 Akte unterteilt**, die jeweils mehrere Kapitel haben, die in ihrer Intensität eskalieren.
- **Missionsvielfalt:** Erwarte eine Mischung aus **kampflastigen Szenarien, Stealth-Infiltrationen, Seekriegsführung, Rätseln und emotionalen Charaktermomenten**.
- **Kinoreife Zwischensequenzen:** Getreu der Yakuza-Serie bietet das Spiel **wunderschön inszenierte Zwischensequenzen** mit dynamischen Kamerawinkeln, dramatischer Sprachausgabe und gelegentlich absurdem Humor.

Wichtige Missionstypen

1. **Attentatsaufträge:** Schalte hochkarätige Ziele mit einer Mischung aus Tarnung und Kampf aus.
2. **Infiltrationsmissionen:** Schleichen Sie sich in feindliche Festungen, Marinestützpunkte oder königliche Villen, oft mit getarnten Identitäten.
3. **Seebelagerungen:** Nimm an groß angelegten Seeschlachten teil, in denen du **Flotten versenken oder Flaggschiffe entern** musst.
4. **Legendäre Duelle:** Tritt in epischen Eins-gegen-Eins-Duellen gegen rivalisierende Piratenlords und Martial-Arts-Meister an.
5. **Mysteriöse Quests:** Einige Hauptmissionen befassen sich mit **übernatürlichen Elementen**, wie verfluchten Relikten oder Seeungeheuern, die mit hawaiianischen Legenden verbunden sind.

Unvergessliche Story-Missionen

- **"The Mad Dog Sets Sail"** – Majimas chaotischer Einstieg in die Piraterie mit einer Kneipenschlägerei, die zu einer Verfolgungsjagd auf See eskaliert.
- **"Whispers of Madlantis"** – Ein Unterwasserraub in einer versunkenen Stadt voller uralter Fallen und geisterhafter Feinde.
- **"Die purpurne Meuterei"** – Ein Verrat innerhalb von Majimas Crew führt zu einem heftigen Kampf an Bord der Goromaru selbst.
- **"Dance of the Dragon's Fang"** – Ein kulminierendes Duell gegen einen legendären Piratenlord auf einem brennenden Schiff während eines Gewitters.

6.2 Nebenquests: Versteckte Geschichten und Belohnungen

Nebenquests, die als **"Substories" bekannt sind**, sind der Ort, an dem der charakteristische Charme des Spiels glänzt. Diese Missionen reichen von **urkomischen Begegnungen mit skurrilen NPCs bis hin zu zutiefst emotionalen Erzählungen**, die die Welt und die Charaktere mit Leben füllen.

Arten von Nebenquests

1. **Charaktergetriebene Geschichten:**
   - Hilf Crewmitgliedern, persönliche Konflikte zu lösen oder verborgene Hintergrundgeschichten zu entdecken.
   - Beispiel: **"Das Geheimrezept des Kochs"** – Hilf dem Koch deines Schiffes bei der Suche nach seltenen Zutaten, nur um herauszufinden, dass er eine dunklere Vergangenheit verbirgt.
2. **Bizarre und absurde Abenteuer:**
   - Rechne damit, dass Majima in **komisch lächerliche Situationen verwickelt wird.**
   - Beispiel: **"Das Huhn, das die Meere beherrschte"** – eine Quest, in der Majima sich mit einer Piratencrew anfreundet, die von einem echten Huhn angeführt wird.
3. **Schatzsuchen und verlorene Relikte:**
   - Löse Rätsel und folge Karten, um **verborgene Schätze, legendäre Waffen oder verfluchte Artefakte** zu entdecken.
   - Beispiel: **"Der Fluch der goldenen Kokosnuss"** – eine Schatzsuche, die sich in eine übernatürliche Überlebensmission verwandelt.

4. **Herausforderungen im Kampf:**
   o Nimm an illegalen Kampfturnieren teil, duelliere dich mit abtrünnigen Samurai oder nimm an Seeschlachtarenen teil, um seltene Beute zu erhalten.
5. **Gefälligkeiten für NPCs:**
   o Hilf Dorfbewohnern, Händlern und Piraten bei Gelegenheitsjobs wie **dem Auffinden verlorener Gegenstände, dem Schutz von Fracht oder sogar der Partnersuche.**

Belohnungen für das Abschließen von Nebenquests

- **Einzigartige Waffen und Ausrüstung:** Einige der mächtigsten Gegenstände sind hinter Nebenmissionen versteckt.
- **Besatzungsmitglieder: Bestimmte Quests** ermöglichen es dir, **besondere Besatzungsmitglieder** mit einzigartigen Fähigkeiten zu rekrutieren.
- **Geld & Ressourcen:** Erhalte wertvolle Beute, um dein Schiff und deine Ausrüstung aufzurüsten.
- **Freischalten versteckter Bereiche:** Einige Quests enthüllen geheime **Inseln, Dungeons oder Seerouten.**
- **Stat-Boosts:** Das Abschließen bestimmter Herausforderungen kann **Majimas Fähigkeiten dauerhaft verbessern.**

6.3 Verwalten von Quest-Protokollen und -Zielen

Mit unzähligen Hauptmissionen, Nebenquests und Aktivitäten bietet *Like a Dragon: Pirate Yakuza auf Hawaii* ein **robustes Quest-Management-System**, das dir hilft, organisiert zu bleiben.

Quest-Log-Schnittstelle

- **Kategorien:** Die Quests sind in Tabs unterteilt: **Hauptstory, Nebengeschichten, Kopfgeldjagden und Crew-Missionen**.
- **Prioritätsmarkierungen:** Farbcodierte Symbole unterscheiden zwischen kritischen Missionen, Nebenaktivitäten und zeitkritischen Quests.
- **Detaillierte Ziele:** Jede Quest enthält eine übersichtliche Liste von Zielen, dem aktuellen Fortschritt und den Standorten der NPCs.

Tracking & Navigation

- **Aktive Questverfolgung:** Legen Sie eine aktive Quest fest, um **Wegpunkte und Markierungen** auf Ihrer Karte anzuzeigen.
- **Dynamische Kartenintegration:** Während du erkundest, erscheinen automatisch neue Quests auf der Karte, wenn du Gerüchte hörst oder mit NPCs interagierst.
- **Quest-Erinnerungen:** Regelmäßige Benachrichtigungen erinnern dich an **nicht abgeschlossene Quests** oder benachrichtigen dich, wenn die Bedingungen erfüllt sind, um fortzufahren.

Komplexe Missionen verwalten

- **Mehrstufige Quests:** Einige Handlungsstränge entfalten sich im Laufe der Zeit. Zum Beispiel kann es sein, dass die persönliche Quest eines Besatzungsmitglieds erst nach Abschluss wichtiger Hauptmissionen voranschreitet.
- **Verzweigte Pfade:** Entscheidungsbasierte Quests werden dynamisch basierend auf deinen Entscheidungen aktualisiert. Wenn ein NPC aufgrund deiner Handlungen stirbt, endet seine Questreihe endgültig.
- **Fehlgeschlagene Ziele:** Wenn du bestimmte Bedingungen nicht erfüllst, bietet das Spiel **alternative Ergebnisse,** anstatt einen Neustart zu erzwingen.

6.4 Wahlgetriebene Ergebnisse und mehrere Enden

Im Gegensatz zu früheren Yakuza-Titeln *führt Pirate Yakuza in Hawaii* eine **entscheidungsorientierte Erzählung** mit **mehreren Enden ein,** die von deinen Aktionen im Laufe des Spiels geprägt werden.

Wichtige Entscheidungspunkte

- **Wichtige Auswahlmöglichkeiten:**
  - Bestimme das Schicksal von Schlüsselcharakteren – **verschone einen feindlichen Kapitän für Allianzen oder exekutiere ihn für seine angstbasierte Dominanz.**
  - Wähle zwischen Loyalität gegenüber deiner Crew oder persönlichen Ambitionen, die sich auf Beziehungen und Missionsergebnisse auswirken.
- **Moralische Dilemmata:**

- Quests stellen oft **graue moralische Entscheidungen dar**, bei denen keine der beiden Optionen eindeutig richtig oder falsch ist.
- Beispiel: Verrätst du einen Verbündeten, um strategischen Gewinn zu erzielen, oder wahrst du deine Ehre und riskierst dabei die Sicherheit deiner Crew?

Wie Entscheidungen die Welt beeinflussen

- **Loyalität der Besatzung:** Deine Entscheidungen beeinflussen die Moral der Besatzung. Verrät man sie zu oft, wird **die Meuterei zu einer echten Bedrohung**.
- **Fraktionsbeziehungen:** Schließe dich Piratenfraktionen, Rebellengruppen oder sogar Kolonialmächten an. Jede Entscheidung **wirkt sich auf Nebenquests, Handelsmöglichkeiten und verfügbare Verbündete aus**.
- **Dynamischer Dialog:** NPCs reagieren je nach deinen vergangenen Handlungen unterschiedlich – **einige fürchten dich, andere respektieren dich und einige wenige könnten sich rächen**.

Mehrere Enden erklärt

Das Spiel bietet **drei Hauptenden**, mit zahlreichen Variationen, die auf abgeschlossenen Nebenquests, Crew-Beziehungen und wichtigen Story-Entscheidungen basieren.

1. **Der Piratenkönig Ende:**
   - Majima wird zur unangefochtenen Herrscherin des Pazifiks, die von allen gefürchtet wird. Dieser Weg beinhaltet **rücksichtslose Entscheidungen, Verrat und eine hohe Anzahl von Toten**.
2. **Das Ende von The Legend of the Seas:**

- Majima schmiedet dauerhafte Allianzen, führt eine vereinte Piratenflotte an und pflegt gleichzeitig starke persönliche Bindungen. Ein **ausgewogenerer, diplomatischer Ansatz** ermöglicht dieses Ergebnis.
3. **Das Ende von The Lone Wolf:**
   - Ein tragisches, einsames Ende, in dem Majima alles für Rache, Macht oder persönliche Besessenheit opfert, je nach den Entscheidungen des Spielers.

Geheimes Ende:

- **"Das Requiem des verrückten Hundes":** Ein verstecktes, bittersüßes Ende, das nur durch das Abschließen **von 100 % der Nebenquests, das Erreichen der maximalen Loyalität der Besatzung und das Aufdecken aller versteckten Relikte** freigeschaltet werden kann. Es enthüllt eine überraschende Wendung, die mit Majimas Vergangenheit und dem Yakuza-Erbe verbunden ist.

Kapitel 7: Minispiele und Aktivitäten

7.1 Karaoke, Dragon Kart und Crazy Delivery

Minispiele sind ein fester Bestandteil der *Like a Dragon-Serie*, und *Pirate Yakuza auf Hawaii* bringt sie auf die nächste Stufe, indem es klassischen Yakuza-Charme mit einem tropischen Piraten-Twist verbindet. Egal, ob du auf der Suche nach hochoktanigem Nervenkitzel, absurdem Spaß oder rhythmusbasierten Herausforderungen bist, dieses Kapitel deckt alle Aktivitäten ab, die du unbedingt ausprobieren solltest.

Karaoke: Majimas musikalisches Chaos

- **So funktioniert's:** Karaoke kehrt mit einem übertriebenen, rhythmusbasierten Minispiel zurück, bei dem die Spieler zeitgesteuerte Tastenanweisungen drücken, um den Takt zu halten.
- **Songauswahl:** Freuen Sie sich auf eine Mischung aus **traditionellen Yakuza-Hits, neuen Piratentiteln und hawaiianisch inspirierten Melodien.**
  - **Majimas Signature-Song:** *"Mad Dog of the High Seas"* – eine chaotische Rockhymne mit urkomischen Zwischensequenzen, die Majimas wilde Fantasie zeigen.
- **Duette & Crew-Karaoke:** Zum ersten Mal kannst du **Duette mit Crewmitgliedern singen** und so einzigartige Interaktionen und Freundschaftsboni freischalten.

- **Grafik:** Der Hintergrund verwandelt sich in Majimas bizarre Fantasien – stell dir vor, wie er **auf einem riesigen Oktopus surft, während er eine elektrische Shamisen zerfetzt.**

Dragon Kart: Tropischer Drift-Showdown

- **Überblick:** Dieses Piraten-Rennspiel *ist ein Ableger von* Yakuza's Dragon Kart und lässt dich mit **anpassbaren Go-Karts** über die Inseln von Hawaii fahren.
- **Fährten:**
  - **Volcano Drift:** Navigiere durch die Gefahren geschmolzener Lava.
  - **Beach Blitz:** Rennen Sie entlang der Sandstrände und weichen Sie Wellen und Strandbesuchern aus.
  - **Jungle Jam:** Eine dichte, kurvenreiche Strecke mit versteckten Abkürzungen durch Wasserfälle.
- **Waffen & Power-Ups:**
  - **Kokosnussbomben:** Explodieren beim Aufprall.
  - **Harpoon-Boost:** Ein Geschwindigkeitsschub mit der Chance, Gegner auszuschalten.
  - **Kraken-Tinte:** Blendet vorübergehend die Bildschirme rivalisierender Rennfahrer.
- **Anpassung:** Verbessere die Geschwindigkeit, das Handling und die Ästhetik deines Karts. Sie können sogar einen **Majima-Aufkleber mit Augenklappe** auf Ihre Fahrt kleben.
- **Multiplayer:** Tritt im Splitscreen-Modus gegen NPCs oder Freunde an.

Crazy Delivery: Pirate Edition

Inspiriert von *Crazy Taxi*, schlüpft Majima (oder Crewmitglieder) in diesem rasanten Lieferspiel in die Rolle eines **chaotischen Piratenkuriers.**

- **Ziel:** Liefere innerhalb eines Zeitlimits bizarre Gegenstände wie eine Kiste Papageien, Fässer mit Rum oder einen verdächtig großen "verfluchten Schatz".
- **Spielablauf:**
  - **Hochgeschwindigkeitsmanöver:** Führe **Driftkurven, Flips und Stunts aus,** um dein Ziel schneller zu erreichen.
  - **Hindernisse:** Weiche rivalisierenden Piraten, wilden Tieren und sogar zufälligen NPCs aus, die Chaos anrichten.
  - **Übertriebene Reaktionen:** Kunden reagieren auf Ihren Lieferstil urkomisch und reichen von dankbarem Jubel bis hin zu **ausgewachsenen Verfolgungsjagden, wenn Sie ihre Waren beschädigen.**
- **Belohnungen:** Verdiene Geld, Rufpunkte und schalte spezielle Lieferrouten mit höherem Schwierigkeitsgrad frei.

7.2 Klassische Sega 8-Bit-Spiele

Wie bei früheren Yakuza-Titeln bietet *Pirate Yakuza in Hawaii* voll spielbare **klassische Sega 8-Bit-Arcade-Spiele**, die eine nostalgische Pause von der Hauptgeschichte bieten.

Arcade-Standorte

- Zu finden in **unterirdischen Spielhöllen, Piratenverstecken und zwielichtigen Bars** auf den Inseln.
- Jeder Arcade-Automat kostet Spielwährung, um gespielt zu werden, aber **Gewinnsträhnen belohnen seltene Gegenstände** oder Sammelmarken.

Empfohlene Sega-Spiele

1. **OutRun: Tropical Fury Edition**
   - Eine spezielle Version mit neuen Tracks, die von der hawaiianischen Kulisse inspiriert sind.
2. **Weltraum-Harrier**
   - Klassischer Eisenbahn-Shooter mit einem Piraten-Reskin – kämpfe gegen fliegende Schiffe und Seeungeheuer statt gegen Aliens.
3. **Fantasy-Zone**
   - Ein farbenfrohes Shoot-'em-up, in dem du ein Piratenschiff anstelle des ursprünglichen Raumschiffs steuerst.
4. **Super Hang-On**
   - Motorradrennen mit Majima-Skins und Custom-Bikes.

Versteckte Arcade-Herausforderungen

- **Highscore-Wettbewerbe:** Tritt gegen die Highscores der NPCs an, um Bonusbelohnungen zu erhalten.
- **Geheime Freischaltbare:** Wenn du die höchste Punktzahl erreichst, schaltest **du seltene kosmetische Gegenstände, Möglichkeiten zur Rekrutierung von Besatzungen oder sogar versteckte Quests** frei.
- **Majimas Kommentar:** Während des Spiels durchbricht Majima gelegentlich **die vierte Wand** und macht bissige Bemerkungen über die Spiele.

7.3 Herausforderungen in Spielhöllen, Angeln und Bars

Die Welt von *Pirate Yakuza auf Hawaii* ist voller Aktivitäten, die über Kämpfe und Quests hinausgehen. Egal, ob du lieber dein Glück auf die Probe stellst, dich mit einer Angelrute entspannst oder an Trinkwettbewerben teilnimmst, für jeden Spielstil ist etwas dabei.

Spielhöllen: Glück des verrückten Hundes

- **Schauplätze:** Versteckt in **Piratenbuchten, unterirdischen Tavernen und Hintergassen-Flüsterkneipen**.
- **Verfügbare Spiele:**
    1. **Poker:** Piratenpoker mit hohen Einsätzen und einzigartigen "All-in"-Animationen.
    2. **Blackjack:** Mit exzentrischen Piratendealern, die **je nach Glück** verspotten oder jubeln.
    3. **Cho-Han:** Traditionelles japanisches Würfelspiel mit spannenden Wettrunden.
    4. **Mahjong:** Ein vollwertiges Minispiel mit komplexen Strategien für erfahrene Spieler.
- **Einzigartige Wendung:** Einige Höhlen bieten **"Betrugsmechaniken" an**, mit denen du Dealer bestechen oder einen Blick auf Karten werfen kannst – **aber wenn du erwischt wirst, kommt es zu Schlägereien**.

Angeln: Ocean Bounty

- **Mechanik:** Ein detailliertes Angel-Minispiel, in dem die Spieler ihre Angeln in Flüsse, Seen und das offene Meer auswerfen.

- **Angelausrüstung:** Verbessere Ruten, Köder und Köder, um **seltene Fische, Schatztruhen und sogar bizarre Meeresbewohner zu fangen**.
- **Legendärer Fisch:**
  - **Der Krakenkarpfen:** Ein mythischer Fisch, von dem man sagt, dass er kleine Boote zum Kentern bringt.
  - **Goldener Thunfisch:** Er ist ein Vermögen wert, wenn er verkauft wird, kann aber als Trophäe auf dem Goromaru ausgestellt werden.
- **Interaktiver Kampf:** Wenn Majima massive Fänge einholt, führt er **Quick-Time-Events** durch, um nicht ins Wasser gezogen zu werden – was manchmal **urkomische Slapstick-Zwischensequenzen** auslöst.

Bar-Herausforderungen: Trinken wie ein Pirat

- **Trinkwettbewerbe:** Tritt gegen NPCs in **Sake-Wettbewerben**, Rum-Shots und exotischen hawaiianischen Cocktails an.
- **Einzigartige Mechaniken:**
  - **Ausdauerleiste:** Kontrollieren Sie Ihre Toleranz, indem Sie die Schlucke sorgfältig planen.
  - **Betrunkene Effekte:** Ob du gewinnst oder verlierst, wirkt sich auf Majimas Status aus – **vorübergehende Buffs im Kampf** oder urkomische Trunkenheits-Debuffs wie wackelnde Bewegungen.
- **Barkeeper-Quests:** Baue Beziehungen zu Barkeepern auf, um **besondere Getränke mit Status-Boosting-Effekten** freizuschalten.

7.4 Belohnungen durch Minispiele verdienen

Minispiele machen zwar an sich schon Spaß, bieten aber auch greifbare Belohnungen, die dein Spielerlebnis verbessern können.

Arten von Belohnungen

1. **In-Game-Währung:**
   - Das Gewinnen von Glücksspielen, Rennen oder Herausforderungen mit hohen Einsätzen bringt **große Geldsummen ein** , die du für Ausrüstung, Upgrades oder Luxusartikel ausgeben kannst.
2. **Ausrüstung & Artikel:**
   - **Seltene Waffen:** Gewinne Kampfturniere, um einzigartige Schwerter freizuschalten, wie das **"Flammende Katana des Pazifiks".**
   - **Kosmetika:** Passe Majimas Outfits, das Aussehen des Goromaru oder die Crew-Uniformen an.
   - **Boost-Gegenstände:** Verdiene Heiltränke, Ausdauer-Boosts und vorübergehende Kampfbuffs.
3. **Besatzungsmitglieder:**
   - Bestimmte Minispiele ermöglichen es dir, **neue Besatzungsmitglieder** mit besonderen Fähigkeiten zu rekrutieren.
   - Beispiel: Wenn du einen Trinkwettbewerb gegen einen pensionierten Piratenkapitän gewinnst, kann du ihn davon überzeugen, deiner Crew beizutreten.

4. **Geheime Freischaltbare:**
   - **Versteckte Nebenquests:** Einige Minispiele lösen geheime Questreihen aus. Wenn du zum Beispiel beim Karaoke eine perfekte Punktzahl erzielst, kann

dies eine **Nebenquest für den musikalischen Showdown** freischalten.
- ○ **Legendäre Titel:** Verdiene **Titel und Erfolge**, die in deinem Spielerprofil angezeigt werden, und steigere so deinen Ruf im Spiel.

Minispiel-Meisterschaftssystem

- **Fortschrittsanzeiger:** Das Spiel verfügt über ein "**Mini-Spiel-Meisterschaftsprotokoll**", das Ihren Fortschritt in jeder Aktivität verfolgt.
- **Rangsystem:** Erreiche Ränge wie **Bronze, Silber, Gold und Platin** basierend auf der Leistung.
- **Meisterschaftsboni:** Wenn du den höchsten Rang in allen Minispielen erreichst, schaltest du den **Titel "Mad Dog of Leisure"** frei, zusammen mit mächtigen Gameplay-Boni.

Synergie mit dem Haupt-Gameplay

- **Kampf-Buffs:** Einige Minispiele bieten **permanente Werte-Boosts** – wenn du genügend Dragon-Kart-Rennen gewinnst, kann dies Majimas Sprintgeschwindigkeit zu Fuß verbessern.
- **Story-Verknüpfungen:** Bestimmte Nebenquests erfordern das Abschließen von Minispielen, um die Handlung voranzutreiben oder neue Charakterinteraktionen freizuschalten.
- **Bindungsmöglichkeiten:** Spiele Minispiele mit Besatzungsmitgliedern, um Beziehungen zu **stärken** und neue Fähigkeiten und Dialogoptionen freizuschalten.

Kapitel 8: Crew-Management und Rekrutierung

8.1 Wie man Piraten und Spezialisten rekrutiert

Die richtige Crew zu rekrutieren, ist entscheidend für Majimas Aufstieg zur Piratenlegende in *Like a Dragon: Pirate Yakuza auf Hawaii*. Deine Crew besteht nicht nur aus einer Gruppe von Hintergrundcharakteren – sie sind **wichtige Verbündete, die den Kampf, die Navigation und den Fortschritt der Geschichte beeinflussen.**

Wo finde ich Crewmitglieder?

- **Story-Missionen:** Einige Charaktere treten im Laufe der Hauptgeschichte automatisch bei, oft nach dramatischen Begegnungen oder Schlachten.
- **Nebenquests (Nebengeschichten):** Durch das Abschließen von Nebenmissionen können einzigartige Besatzungsmitglieder mit besonderen Fähigkeiten freigeschaltet werden.
- **Tavernen und Piratenhöhlen:** Sprich mit NPCs in **Piratenverstecken, zwielichtigen Bars und abgelegenen Inseln.** Beeindrucken Sie sie mit Kraftakten, Glücksspielgewinnen oder Gefälligkeiten.
- **Kopfgeldjagden:** Besiegte Rivalen können manchmal rekrutiert werden, anstatt eliminiert zu werden – wenn du das richtige Angebot machst.

Anforderungen an die Rekrutierung

1. **Rufstufe:** Einige Spezialisten setzen voraus, dass Majima einen ausreichend hohen Ruf als Pirat hat. Das Abschließen von Quests, das Gewinnen von Schlachten und das Treffen wirkungsvoller Entscheidungen verstärken dies.
2. **Bestechung oder Überredung:** Bestimmte NPCs können durch **Bestechungsgelder, Geschenke oder überzeugende Dialogoptionen** rekrutiert werden.
3. **Duelle um Loyalität:** Einige harte Charaktere verlangen ein **Eins-gegen-Eins-Duell** mit Majima, bevor sie ihn genug respektieren, um sich ihm anzuschließen.
4. **Moralische Ausrichtung:** Deine Entscheidungen im Spiel wirken sich auf die Rekrutierung aus. Zum Beispiel können skrupellose Charaktere nur beitreten, wenn Majima einen furchterregenden Ruf hat, während andere einen ehrenhafteren Anführer bevorzugen.

Bemerkenswerte rekrutierbare Besatzungsmitglieder

- **Reiko, die rotäugige Scharfschützin:** Eine Scharfschützin, die in einem hawaiianischen Dorf gefunden wurde und rekrutiert wurde, nachdem sie ihr geholfen hatte, Kopfgeldjäger zu besiegen.
- **"Big Tuna" Makoto:** Ein ehemaliger Sumo-Ringer, der zum Piratenkoch wurde, mit Kampfbuffs, die an nahrungsbezogene Fähigkeiten gebunden sind.
- **Captain Lono:** Ein in Ungnade gefallener Marineoffizier, der fortgeschrittene Navigationsfähigkeiten anbietet, nachdem du ihn vor der Hinrichtung gerettet hast.
- **Kiko der Trickster:** Ein Straßenmagier, der sich auf Ablenkungstaktiken während der Kämpfe spezialisiert hat.

8.2 Besatzungsrollen: Kampf, Navigation und Unterstützung

Deine Besatzung ist nicht nur zur Show da – sie erfüllen jeweils bestimmte Rollen, die sich sowohl auf die Leistung des Schiffes als auch auf **die Kampfszenarien auswirken**. Die richtige Person für die richtige Aufgabe einzusetzen, kann den Unterschied zwischen Sieg und Niederlage ausmachen.

Kern-Crew-Rollen

1. **Kampfspezialisten:**
   - **Rolle:** Schließe dich Majima im Kampf an und unterstütze sie direkt mit einzigartigen Fähigkeiten.
   - **Fähigkeiten:**
     - **Raufbolde:** Verursacher von schwerem Schaden mit hohen LP.
     - **Scharfschützen:** Fernkampfangreifer mit Pistolen, Gewehren oder sogar Sprengstoff.
     - **Taktiker:** Bufft Verbündete oder schwächt Gegner mit Statuseffekten.
   - **Kampfsynergie:** Einige Crew-Kombos lösen **"Team-Angriffe" aus** – Spezialbewegungen mit filmreifen Todesstößen.
2. **Navigationsoffiziere:**
   - **Rolle:** Verbessere die Leistung der Goromaru auf See.
   - **Fähigkeiten:**
     - **Steuermänner:** Erhöhen Sie die Geschwindigkeit und Manövrierfähigkeit des Schiffes.

- **Navigatoren:** Decken Sie versteckte Routen auf, vermeiden Sie Stürme und verkürzen Sie die Reisezeit.
- **Kartographen:** Fügen Sie der Weltkarte geheime Orte hinzu.

3. **Support-Crew:**
   - **Rolle:** Verbessere Aktivitäten außerhalb des Kampfes wie Handwerk, Handel und Heilung.
   - **Fachärzte:**
     - **Köche: Bereite** Mahlzeiten zu, die vorübergehende Kampfbuffs gewähren.
     - **Schmiede:** Verbessere Waffen und repariere Schiffsschäden schneller.
     - **Sanitäter:** Heile Majima und andere Besatzungsmitglieder nach harten Kämpfen.

4. **Moraloffiziere:**
   - **Rolle:** Halte die Stimmung der Crew hoch, um Konflikte zu vermeiden und die Effizienz zu steigern.
   - **Einzigartige Fähigkeiten:** Einige Charaktere haben **Charisma-Boni**, die die allgemeine Loyalität der Besatzung verbessern oder das Risiko einer Meuterei verringern.

Schnittstelle für das Crew-Management

- **Besatzungsliste:** Zeigt alle rekrutierten Mitglieder mit Statistiken, Rollen und Loyalitätsstufen an.
- **Aufgabenbildschirm:** Wechsle ganz einfach die Besatzung zwischen aktiven Rollen auf dem Schiff oder in Kampftrupps.
- **Fertigkeitsbäume:** Einige Besatzungsmitglieder haben **individuelle Fertigkeitsbäume,** in die du investieren kannst, um neue Fähigkeiten oder passive Boni freizuschalten.

8.3 Aufbau von Loyalität und Moral der Besatzung

Eine starke Crew besteht nicht nur aus Zahlen – es geht um Loyalität. Je glücklicher und loyaler deine Besatzung ist, desto effektiver wird sie sowohl im Kampf als auch im täglichen Schiffsbetrieb sein.

Übersicht über das Treuesystem

- **Loyalitätsstufen:** Gemessen in **5 Stufen**, von *verdächtig* bis *ergeben*.
- **Vorteile einer hohen Loyalität:**
    - **Kampf-Buffs:** Die Besatzung kämpft härter für einen Anführer, den sie respektiert, und erhält Angriffs- oder Verteidigungsboni.
    - **Spezialfähigkeiten:** Einige Fähigkeiten werden nur freigeschaltet, wenn die Loyalität eine bestimmte Stufe erreicht.
    - **Meutereiprävention:** Hohe Loyalität verringert die Wahrscheinlichkeit von Konflikten oder Verrat an der Besatzung.

Wie man Loyalität aufbaut

1. **Schließe persönliche Quests ab:** Viele Besatzungsmitglieder haben **charakterspezifische Missionen**. Ihnen bei persönlichen Problemen zu helfen, erhöht ihre Loyalität.
2. **Share Meals:** Organisiere **Crew-Dinner** mit Zutaten von deinen Reisen. Diese ungezwungenen Interaktionen vertiefen die Bindungen und enthüllen verborgene Hintergrundgeschichten.

3. **Lob und Anerkennung:** Nach Kämpfen kann Majima **herausragende Besatzungsmitglieder loben,** was ihr einen kleinen Loyalitätsschub verleiht.
4. **Entscheidungsfindung:** Entscheidungen zu treffen, die mit den Werten eines Besatzungsmitglieds übereinstimmen, verbessert die Loyalität. Zum Beispiel kann die Schonung eines Feindes ein mitfühlendes Besatzungsmitglied beeindrucken, aber ein skrupelloses Besatzungsmitglied verärgern.
5. **Geschenksystem:** Bestimmte Besatzungsmitglieder reagieren positiv auf bestimmte Geschenke, die Sie während Ihrer Reise finden oder kaufen.

Crew-Bond-Events

Schalte spezielle **"Bond-Events" frei** – kurze, oft humorvolle oder herzliche Szenen, die mehr über die Persönlichkeit jedes Crewmitglieds verraten. Diese Ereignisse führen oft zu Loyalitäts-Boosts oder sogar neuen Fähigkeiten.

8.4 Umgang mit Crew-Konflikten und Meutereien

Eine Piratencrew läuft nicht immer reibungslos. **Konflikte, Rivalitäten und sogar Meutereien** können entstehen, wenn die Loyalität zu gering ist oder wenn Crewmitglieder gegensätzliche Persönlichkeiten haben.

Konflikte mit der Besatzung

- **Bewirkt:**
  1. **Unpassende Werte:** Die Paarung von Besatzungsmitgliedern mit gegensätzlichen Moralvorstellungen im selben Trupp kann zu Spannungen führen.
  2. **Ungelöster Groll:** Bei einigen Rekruten gibt es **bereits bestehende Rivalitäten**, die eskalieren, wenn sie nicht angegangen werden.
  3. **Führungsentscheidungen:** Rücksichtslose oder rücksichtslose Entscheidungen können bestimmte Besatzungsmitglieder demoralisieren.
- **Wie man mit Konflikten umgeht:**
  1. **Mediation:** Halten Sie eine **Crew-Besprechung** ab, um Missstände anzusprechen. Majima kann Dialogoptionen wählen, um die Spannungen zu entschärfen oder sich auf die Seite einer Partei zu stellen.
  2. **Einzelgespräche:** Führen Sie private Gespräche, um persönliche Probleme zu verstehen und zu lösen.
  3. **Rollen neu zuweisen:** Die Trennung von verfeindeten Besatzungsmitgliedern verringert die Wahrscheinlichkeit, dass Kämpfe ausbrechen.

Meuterei-Mechanik

Wenn die Moral auf dem Schiff zu tief sinkt, kann dies eine **Meuterei auslösen**, die Majima dazu zwingt, sich den Konsequenzen zu stellen.

- **Warntafeln:**
  1. Verringerte Leistung bei Schiffsaufgaben.
  2. Passiv-aggressive Kommentare der Crew.

3. NPCs, die Gerüchte über Unzufriedenheit verbreiten.
- **Arten von Meuterei-Ereignissen:**
  1. **Kleine Rebellion:** Es bricht ein Kampf zwischen ein paar verärgerten Crewmitgliedern aus. Majima muss eingreifen, bevor es zu einer Eskalation kommt.
  2. **Vollständige Meuterei:** Wenn die Situation ignoriert wird, kann es zu einer totalen Meuterei kommen, bei der Majima **gegen seine eigene Crew kämpfen muss** , um die Kontrolle zurückzugewinnen.

Folgen der Meuterei:

- **Dauerhafter Tod:** Einige Besatzungsmitglieder können während einer Meuterei getötet werden, was sich dauerhaft auf die Geschichte und das Gameplay auswirkt.
- **Verlust von Ressourcen:** Eine erfolgreiche Meuterei kann zu gestohlenen Vorräten, beschädigter Ausrüstung oder sogar zum Verlust des Schiffes führen (was eine Rückholmission erfordert).
- **Vertrauen wiederherstellen:** Das Überleben einer Meuterei verringert die Loyalität der gesamten Crew und zwingt Majima, **die Moral** durch Quests und Interaktionen wiederherzustellen.

Meuterei verhindern:

- **Regelmäßige Moralchecks:** Organisiere Events wie Feiern nach großen Siegen.
- **Ausgewogene Führung:** Mischen Sie **Angst und Respekt** – manchmal sind rücksichtslose Entscheidungen erforderlich, um die Ordnung aufrechtzuerhalten, aber Fairness fördert langfristige Loyalität.

- **Legendärer Status:** Wenn Majima eine bestimmte Rufstufe erreicht, kann nur seine **furchterregende Legende** abweichende Meinungen unterdrücken.

Kapitel 9: Kampfstrategien und Bosskämpfe

9.1 Grundlegende Kampftaktiken für Anfänger

Für Neulinge in der *Like a Dragon-Reihe* oder für diejenigen, die sich an das neue Piraten-Setting gewöhnen müssen, ist es wichtig, die Grundlagen des Kampfes zu verstehen. Das Spiel verbindet **Nahkämpfe im Brawler-Stil** mit dynamischen Interaktionen in der Umgebung und schafft so ein System, das sowohl zugänglich als auch tiefgründig ist.

Grundlagen des Kampfes verstehen

- **Übersicht über die Steuerelemente:**
    - **Leichter Angriff (Schnelle Kombos):** Großartig zum Erstellen von Kombos und zum Taumeln von Feinden.
    - **Schwerer Angriff (Power Strikes): Langsamer,** verursacht aber mehr Schaden und kann gegnerische Wachen durchbrechen.
    - **Guard/Block:** Reduziert eingehenden Schaden; perfektes Timing kann eine **Parade** auslösen.
    - **Ausweichen (Rollen/Schneller Schritt):** Unerlässlich, um mächtigen Angriffen auszuweichen, insbesondere gegen Bosse.
- **Zielerfassungssystem:**
  Visiere Feinde, um deine Angriffe zu fokussieren, was es

einfacher macht, auszuweichen und bestimmte Bedrohungen zu kontern.

- **Ausdauer- und Ressourcenbalken:**
  - ○ **Ausdauer:** Bestimmt, wie viele Aktionen du in schneller Folge ausführen kannst.
  - ○ **Hitzeanzeige:** Baut sich auf, wenn du Schaden verursachst, und ermöglicht es dir, verheerende **Hitzeaktionen zu entfesseln** – filmreife Todesstöße, die für jede Waffe oder jedes Szenario einzigartig sind.

Kampfablauf:

1. **Greife mit leichten Angriffen an: Starte** Kombos, um Feinde aus dem Gleichgewicht zu bringen.
2. **Mischen Sie schwere Schläge hinzu:** Durchbrechen Sie Wachen oder schleudern Sie Feinde in die Luft.
3. **Ausweichen:** Vermeidet Gegenangriffe, insbesondere von stärkeren Gegnern.
4. **Umgebungs-Finishes:** Schnapp dir Objekte (wie Fässer, Kisten oder sogar Ruder), um brutale Umwelt-Kills durchzuführen.

Tipps für Anfänger:

- **Don't Button Mash:** Das Kampfsystem belohnt Timing und Präzision.
- **Lerne Feindmuster:** Selbst einfache Feinde haben vor starken Angriffen Aufsehen.
- **Nutze die Umgebung:** Waffen und interaktive Objekte sind in den Kampfzonen verstreut – ignoriere sie nicht.
- **Ressourcen verwalten:** Spare deine Hitzeanzeige für schwierige Situationen wie Bosskämpfe.

9.2 Fortgeschrittene Techniken für erfahrene Spieler

Für erfahrene Spieler, die das Kampfsystem meistern möchten, bietet *Pirate Yakuza auf Hawaii* eine Fülle von fortgeschrittenen Mechaniken. Meisterschaft bedeutet nicht nur zu überleben, sondern jede Begegnung mit Stil und Effizienz zu dominieren.

Perfekte Ausweich- und Kontermechanik

- **Perfektes Ausweichen:** Wird ausgeführt, indem genau in dem Moment ausgewichen wird, in dem ein feindlicher Angriff landet. Gewährt kurze Unbesiegbarkeit und macht den Angreifer verwundbar.
- **Konterangriffe:** Nach einem perfekten Ausweichen kannst du einen **mächtigen Gegenangriff ausführen** , der Bonusschaden verursacht.
- **Parier-Timing:** Perfekt getimte Blöcke reflektieren den Schaden auf den Angreifer zurück oder versetzen ihn ins Taumeln, um ihn leicht nachverfolgen zu können.

Stilwechsel mitten im Kampf

- **Mad Dog vs. Sea Dog Stile:**
  - **Mad Dog Style:** Schnell, aggressiv, fokussiert darauf, Gegner mit einer Flut von Schlägen zu überwältigen.
  - **Seebären-Stil:** Defensiver und strategischer, mit Greifen, Entwaffnen und Fernkampfangriffen.
- **Combo-Chaining:** Wechsle den Stil mitten in der Kombo, um flüssige Sequenzen mit hohem Schaden zu erhalten. Beginne zum Beispiel mit Mad Dog für schnelle Treffer und wechsle dann zu Sea Dog für einen Enterhaken-Finisher.

Hitzeeinwirkungen und Tötungen in der Umgebung

- **Erweiterte Wärmeaktionen:**
  - **Waffenbasiert: Verwende** Schwerter, Speere oder sogar behelfsmäßige Waffen wie zerbrochene Flaschen.
  - **Umgebung:** Schleudere Feinde gegen Wände, über Bord (bei Schiffskämpfen) oder in explosive Fässer, um massiven Flächenschaden zu verursachen.
  - **Team-Heat-Aktionen:** Löse **spezielle Teamangriffe** mit Crewmitgliedern aus, oft mit filmreifen Todesfällen.
- **Timing für Hitzeaktionen:** Baue deine Hitzeanzeige strategisch auf – verschwende sie nicht mit schwachen Gegnern, wenn sich ein Boss nähert.

Strategien zur Kontrolle von Menschenmengen

- **Flächenangriffe (AoE):** Bestimmte schwere Schläge und Hitzeaktionen treffen mehrere Feinde, ideal für Massenkontrolle.
- **Priorisierung des Ziels:**
  - Schalte zuerst Fernkampfangreifer und Heiler aus.
  - Taumele große Gruppen mit Flächenschaden und isoliere dann härtere Feinde.
- **Wurfmechaniken:** Greife schwächere Feinde und **wirf sie in größere Mobs**, um mehrere Feinde auf einmal niederzuschlagen.

Waffenmeisterschaft und Kombos

- **Waffenhaltbarkeit:** Einige Waffen gehen nach längerem Gebrauch kaputt, aber hochstufige Spieler können **den Schadensausstoß maximieren**, bevor dies geschieht.

- **Kombo-Erweiterungen:** Erlernt waffenspezifische Kombo-Ketten: **Katanas haben schnelle Hiebe,** während **schwere Keulen langsame, vernichtende Schläge austeilen.**
- **Versteckte Techniken:** Bestimmte seltene Waffen schalten **einzigartige Finisher-Moves frei** , wenn sie richtig eingesetzt werden.

9.3 Bosskampf-Strategien und Schwächen

Die Bosskämpfe in *Pirate Yakuza auf Hawaii* sind episch, filmreif und herausfordernd. Jeder Boss hat einzigartige Mechaniken, die taktisches Denken erfordert, das über das Button-Mashing hinausgeht.

Boss-Muster verstehen

- **Phasen:** Die meisten Bosse haben mehrere Phasen, jede mit neuen Angriffsmustern und Fähigkeiten.
- **Tells:** Chefs kündigen ihre stärksten Züge an. Achten Sie auf **leuchtende Augen, deutliche Geräuschhinweise oder übertriebene Aufziehvorgänge.**
- **Schwachstellen:** Einige Bosse legen bei bestimmten Attacken Schwachstellen frei – nutze diese Zeitfenster für Bonusschaden.

Häufige Boss-Archetypen und wie man ihnen entgegenwirkt

1. **Der Schläger (Panzer-Bosse):**
   - **Beispiel:** Ein riesiger Pirat schwingt einen Stachelanker.

- Strategie:
  - Weiche schweren Schwüngen aus.
  - Setze schnelle Angriffe ein, um deine Gesundheit zu zerstören.
  - Nutzen Sie die langsame Erholung nach großen Bewegungen.

2. **Der Geschwindigkeitsdämon (Agile Bosse):**
   - **Beispiel:** Ein Attentäter mit zwei Dolchen, der sich in der Arena herumdreht.
   - **Strategie:**
     - Verwenden Sie die Zielerfassung, um den Fokus zu behalten.
     - Pariere schnelle Angriffe, anstatt zu versuchen, allem auszuweichen.
     - Kontere mit Greifern, wenn sie in die Nähe kommen.

3. **Der Trickster (Bosse mit Gimmicks):**
   - **Beispiel:** Ein Piratenzauberer, der Fallen in der Arena aufstellt.
   - **Strategie:**
     - Zerstöre Fallen frühzeitig, um die Gefahren auf dem Schlachtfeld zu verringern.
     - Locke sie dazu, sich zu überdehnen, bevor du sie mit Hitzeaktionen bestrafst.

4. **Der Marinekommandant (Bosskämpfe auf Schiffen):**
   - **Beispiel:** Ein rivalisierender Kapitän, der von einem befestigten Schiff aus angreift.
   - **Strategie:**
     - Setze Schiffskanonen strategisch ein.
     - Entern Sie ihr Schiff, um einen Nahkampf zu erzwingen.
     - Verwalte die Fähigkeiten der Besatzung für Unterstützungsfeuer.

Überlebenstipps für Bosskämpfe

- **Haltet Heilgegenstände bereit:** Legt eure Vorräte immer vor großen Story-Missionen auf.
- **Crew-Unterstützung:** In Bosskämpfen können Crewmitglieder Buffs und Ablenkungen anbieten oder sogar direkt in den Kampf einsteigen.
- **Anpassen:** Wenn eine Strategie nicht funktioniert, wechsle den Kampfstil oder positioniere sie neu, um den Kampfverlauf zu kontrollieren.

9.4 Nutze die Umgebung und die Waffen zu deinem Vorteil

Einer der aufregendsten Aspekte von *Like a Dragon: Pirate Yakuza auf Hawaii* ist die Art und Weise, wie du die Umgebung während des Kampfes manipulieren kannst. Egal, ob du in engen Schiffskorridoren oder belebten hawaiianischen Straßen kämpfst, die Umgebung ist Teil deines Arsenals.

Wechselwirkungen mit der Umwelt

- **Zerstörbare Objekte:**
  - Zerstöre Fässer, Kisten oder Möbel, um improvisierte Waffen herzustellen.
  - Explosive Fässer können beim Entzünden Kettenreaktionen auslösen.
- **Interaktives Gelände:**
  - **Mauern und Geländer:** Schleudere Feinde auf harte Oberflächen und füge ihnen Bonusschaden zu. Auf Schiffen kannst du Feinde über Bord werfen, um **sie sofort zu besiegen**.

- o **Vorsprünge und Klippen:** Löse **Finisher in der Umgebung aus,** indem du Feinde von Klippen oder in von Haien verseuchte Gewässer wirfst.
- **Dynamische Wettereffekte:**
  - o **Regen:** Macht den Boden rutschig und beeinträchtigt den gegnerischen Stand (und deinen).
  - o **Starke Winde (Seeschlachten): Wirkt** auf die Genauigkeit des Projektils, kann aber bei richtigem Timing zu deinem Vorteil genutzt werden.

Waffenvielfalt und Meisterschaft

- **Waffentypen:**
  - o **Nahkampfwaffen:** Schwerter, Speere, Keulen und behelfsmäßige Gegenstände wie Ruder.
  - o **Fernkampfwaffen:** Pistolen, Gewehre und geworfene Gegenstände (Flaschen, Messer).
  - o **Schwere Waffen:** Kanonen (in Seeschlachten), Harpunen und explosive Fässer.
- **Waffenbasierte Hitzeaktionen:**
  - o Jede Waffe hat einzigartige Finishing-Moves. Zum Beispiel:
    - ■ **Katana:** Schnelle Hiebe, die in einem dramatischen Todesstoß enden.
    - ■ **Anker:** Brutale Schwünge, die **mehrere Feinde gleichzeitig zermalmen.**
    - ■ **Improvisierte Waffen:** Absurde und urkomische Hitzeaktionen, wie z.B. jemanden mit einem riesigen Fisch zu schlagen oder ihn in einen Automaten zu knallen.

Kontrolle von Menschenmengen mithilfe der Umgebung

- **Engpass-Taktiken:** Locken Sie Gruppen in enge Räume, um zu begrenzen, wie viele gleichzeitig angreifen können.
- **Kettenreaktionen:** Nutze Umweltgefahren, um Kettenreaktionen auszulösen – zünde eine Ölpest, um mehrere Feinde zu verbrennen.
- **Fallen-Setups:** In einigen Bereichen gibt **es voreingestellte Fallen** (fallende Netze, lose Fracht, einstürzende Strukturen), die während des Kampfes ausgelöst werden können.

Kapitel 10: Geheimnisse, Easter Eggs und Inhalte nach dem Spiel

10.1 Verborgene Schätze und Sammlerstücke

In *Like a Dragon: Pirate Yakuza auf Hawaii* steckt die Welt voller **verborgener Schätze** und **Sammlerstücke**, die Erkundungen, Neugier und ein scharfes Auge für Details belohnen. Von geheimen Verstecken, die unter Palmen vergraben sind, bis hin zu seltenen Artefakten, die in vergessenen Höhlen versteckt sind, gibt es immer etwas zu entdecken.

Schatzkarten und Hinweise

- **Schatzkarten:** Diese Karten sind über die gesamte Spielwelt verstreut und enthalten oft kryptische Zeichnungen, Rätsel oder Koordinaten, die auf den Standort versteckter Beute hinweisen.
- **Hinweise und NPC-Gerüchte:** Wenn du mit NPCs in Tavernen, Docks und auf Märkten sprichst, kannst du Gerüchte über legendäre Piratenschätze oder versteckte Tresore aufdecken.

Arten von Sammlerstücken

1. **Vergrabene Truhen:** Benutze deinen **Schatzkompass** oder folge subtilen Umgebungshinweisen wie aufgewühltem Sand, um sie zu finden.
2. **Seltene Artefakte:** Historische Relikte aus der alten hawaiianischen Kultur oder der Piratengeschichte, die sowohl für die Geschichte als auch für den wertvollen Handel gesammelt werden können.
3. **Legendäre Waffen:** Einige der mächtigsten Waffen sind an schwer zugänglichen Stellen versteckt und erfordern sowohl das Lösen von Rätseln als auch Kampfgeschick, um sie zu erhalten.
4. **Geheime Botschaften:** Versteckte Notizen, Briefe und Tagebücher, die die Geschichte des Spiels erweitern und oft neue Nebenquests freischalten.

Umgebungs-Rätsel

Bestimmte Schätze erfordern das Lösen von Umgebungsrätseln:

- Richten Sie alte Symbole aus, die in Felsen gehauen wurden.
- Navigieren in unterirdischen Höhlensystemen.
- Abschließen von zeitbasierten Parkour-Herausforderungen.

Belohnungen für Sammlerstücke

- **Bargeld und Ausrüstung:** Wertvolle Beute, die verkauft oder zur Verbesserung von Majimas Ausrüstung verwendet werden kann.
- **Versteckte Heat-Aktionen:** Einige Sammlerstücke schalten einzigartige Heat-Moves frei, die an seltene Waffen gebunden sind.

- **Trophäen/Erfolge:** Komplettisten werden viele Herausforderungen finden, die mit dem Finden aller versteckten Gegenstände verbunden sind.

10.2 Freischaltbare Kostüme, Waffen und Fähigkeiten

Anpassungsmöglichkeiten sind ein großer Teil des *Like a* Dragon-Erlebnisses, und *Pirate Yakuza auf Hawaii* bringt es mit freischaltbaren **Kostümen, Waffen** und **Fähigkeiten,** mit denen du Majima und deine Crew personalisieren kannst, auf die nächste Stufe.

Freischaltbare Kostüme

- **Piraten-Outfits: Klassische** Piratenausrüstung, darunter Dreispitzhüte, Augenklappen und extravagante Mäntel.
- **Yakuza-Rückblicke:** Schalte Majimas ikonische Schlangenlederjacke und andere Outfits aus früheren Spielen frei.
- **Hawaiian Vibes:** Lässige Strandkleidung wie Aloha-Hemden, Boardshorts und sogar lächerliche Kostüme wie ein **riesiger Ananasanzug** für einen komödiantischen Effekt.

Wie man freischaltet:

- Bestimmte Nebenquests abschließen.
- Besiege geheime Bosse.
- Sammeln Sie alle Schätze in bestimmten Regionen.

Freischaltbare Waffen

- **Legendäre Klingen:** Schwerter mit einzigartigen Designs und Fähigkeiten, wie z. B. das **"Crimson Tide Katana"**, das Feinde mit der Zeit bluten lässt.
- **Improvisierte Waffen:** Verrückte und unkonventionelle Waffen wie ein **Surfbrett** oder ein **riesiger Fisch**, perfekt für urkomische Hitzeaktionen.
- **Mythische Artefakte:** Waffen, die mit der hawaiianischen Mythologie verbunden sind und mit Elementareffekten wie Feuer, Blitz oder Gift ausgestattet sind.

Akquisitionsmethoden:

- Besiege seltene Mini-Bosse.
- Versteckte Umgebungsrätsel lösen.
- Teilnahme an hochstufigen Kampfturnieren.

Freischaltbare Fähigkeiten

- **Advanced Heat Actions:** Kinoreife Finisher mit übertriebenen Animationen.
- **Crew-Kombo-Moves:** Spezielle teambasierte Fähigkeiten, die es Majima ermöglichen, verheerende Kombo-Angriffe mit Crewmitgliedern auszuführen.
- **Passive Vorteile:** Boni wie schnellere Ausdauerregeneration, erhöhte Beute oder verbesserte Trefferchancen.

10.3 Geheime Bosse und ultimative Herausforderungen

Für Spieler, die den ultimativen Test ihrer Fähigkeiten suchen, *bietet* Pirate Yakuza auf Hawaii **geheime Bosse** und **ultimative Herausforderungen,** die jenseits der Hauptgeschichte verborgen sind. Diese Begegnungen sind nicht nur schwierig – sie sind so konzipiert, dass sie deine Beherrschung der Kampfmechaniken an deine Grenzen bringen.

Geheime Chefs

1. **Der Phantom Corsair:** Ein legendärer Piratengeist, der angeblich in den Gewässern in der Nähe von Madlantis spukt.
   - **Taktik:** Verwendet Teleportation und verfluchte Angriffe, die Ausdauer verbrauchen.
2. **Hai-König von Nele Island:** Ein riesiger mutierter Hai, der in einer epischen Seeschlacht halb Boss, halb Umweltgefahr darstellt.
   - **Taktik:** Erfordert die Kontrolle über die Kanonen deines Schiffes und vermeidet gleichzeitig seine verheerenden Durchschläge.
3. **Yakuza aus der Vergangenheit:** Ein alter Rivale aus Majimas Vergangenheit hat einen überraschenden Auftritt und verbindet klassische Yakuza-Kampfstile mit neuen Piraten-Moves.
   - **Taktik:** Ein schneller, aggressiver Nahkampf mit minimalem Spielraum für Fehler.

Ultimative Herausforderungen

- **Kolosseum-Turniere:** Arenen im Gladiatoren-Stil mit wellenbasierten Kämpfen gegen immer schwierigere Feinde.
- **Zeitrennen:** Besiege eine festgelegte Anzahl von Feinden oder Bossen innerhalb strenger Zeitlimits.
- **No-Heal Runs:** Spezielle Dungeons, in denen du keine Heilgegenstände verwenden kannst, was dich auf das Management von Fähigkeiten und Ressourcen zwingt.

Belohnungen für das Besiegen geheimer Bosse:

- **Exklusive Ausrüstung:** Waffen und Rüstungen, die nirgendwo sonst erhältlich sind.
- **Einzigartige Titel/Erfolge:** Ehrenabzeichen für das Bestehen der härtesten Kämpfe.
- **Lore-Erweiterungen:** Versteckte Zwischensequenzen und Story-Enthüllungen, die sowohl mit dem Piraten-Setting als auch mit Majimas Yakuza-Vergangenheit verbunden sind.

10.4 Inhalte nach dem Spiel und neuer Spiel+-Modus

Nach Abschluss der Hauptgeschichte eröffnet *Like a Dragon: Pirate Yakuza auf Hawaii* eine Fülle von **Inhalten nach dem Spiel,** um das Abenteuer am Leben zu erhalten. Egal, ob du ein Vervollständiger bist oder jemand bist, der neue Herausforderungen sucht, es gibt viel zu tun, das über die Credits hinausgeht.

Erkundung nach dem Spiel

- **Freigeschaltete Regionen:** Neue Inseln und geheime Buchten, die während der Hauptgeschichte nicht zugänglich waren.
- **Elite-Kopfgeldjagden:** Spüre die gefährlichsten Piraten auf hoher See auf, um massive Belohnungen zu erhalten.
- **Versteckte Nebenquests:** Neue Handlungsstränge, die tiefer in die Hintergrundgeschichten der Nebencharaktere eintauchen.

Neuer Spiel+-Modus

- **Fortschritt übertragen:** Bringe deine Levels, Fähigkeiten, Waffen und Kostüme in einen neuen Spieldurchgang ein.
- **Erhöhte Schwierigkeitsoptionen:** Die Feinde sind stärker, aggressiver und die Bosse erhalten neue Angriffsmuster.
- **Alternative Story-Entscheidungen:** Erforsche verschiedene narrative Ergebnisse, indem du in Schlüsselmomenten neue Entscheidungen triffst.

Vermächtnis-Modus (Yakuza-Nostalgie-Feature):

- **Klassische Gameplay-Elemente:** Optionaler Modus, der den Kampf an klassische Yakuza-Spiele anpasst, mit begrenzten Heat-Aktionen und geerdeteren Prügemechaniken.
- **Cameo-Auftritte:** Überraschende Begegnungen mit Charakteren aus früheren *Like a Dragon-Titeln* , die als Easter Eggs versteckt sind.

Ziele der Vervollständigung:

- **Checkliste für den Abschluss von 100 %:** Verfolge jedes Sammelobjekt, jede Nebenquest, jede Hitze-Action und jeden versteckten Boss.
- **Geheimes Ende:** Schalte eine spezielle Epilog-Zwischensequenz frei, um den Abschluss zu erreichen und Majimas nächstes Abenteuer zu enthüllen.